Marta Williams

# La connexion perdue

## Retrouver la communication intuitive avec les animaux et la nature

*Traduction et adaptation de Chantal de Folleville*

jouvence ÉDITIONS

## Extrait du catalogue Jouvence

*Besoin de nature,* Roland de Miller (à paraître en 2007)
*Découvrez vos talents,* Xavier Cornette de Saint Cyr, 2006
*Apprendre à écouter,* Christel Petitcollin, 2006
*Marche de vision,* Brandt Morgan, 2006
*De la thérapie de l'ego à la quête de l'âme,* Joy Manné, 2005
*Rites de passage,* Kathleen Wall & Gary Ferguson, 2005
*Chaman, d'aujourd'hui,* Serge Kahili King, 2003
*Manuel pratique de lithothérapie,* Christian Valentin, 2003
*Apprendre à pardonner,* Chantal Calatayud, 2003
*Déverrouiller ses blocages,* Marie-France Muller, 2002
*Ainsi parle l'esprit de la plante,* Jean-Marie Delacroix, 2000
*La maîtrise de l'amour,* Don Miguel Ruiz, 1999
*Les mots sont des fenêtres (ou des murs),* Marshall B. Rosenberg, 1999
*Les quatre accords toltèques,* Don Miguel Ruiz, 1999
*Médecines douces pour animaux,* Marie-France Muller, 1998
*Les animaux ont-ils une âme ?,* Gary Kowalski (épuisé)

CATALOGUE GRATUIT SUR SIMPLE DEMANDE
**ÉDITIONS JOUVENCE**
France : BP 90107 – 74161 St-Julien-en-Genevois Cedex
Suisse : CP 184 – 1233 Genève-Bernex
Site internet : **www.editions-jouvence.com**
E-mail : info@editions-jouvence.com

Titre original : *Learning their Language* by Marta Williams

ISBN 2-88353-520-5
ISBN 978-2-88353-520-6

Composition : Nelly Irniger, Fillinges (74)
Couverture : Dynamic 19, Thonon-les-Bains (74)

SOMMAIRE

*Introduction : Nous sommes tous reliés* ........................................9

*Première partie*
**L'univers de la communication intuitive** ..................19

I – Comment j'ai appris à communiquer intuitivement ........................................................21
II – L'intuition : un talent caché ......................................27
III – Comment se servir de l'intuition pour communiquer sans paroles ..............................39
IV – Exactitude et vérification...........................................53

*Deuxième partie*
**Commençons à pratiquer** ..............................................63

V – Une nouvelle façon de communiquer .......................65

VI – Techniques de base pour recevoir intuitivement les informations ........ 77
VII – Le critique intérieur ........ 99

*Troisième partie*
**Techniques avancées** ........ 109

VIII – Améliorer la réception des informations ........ 111
IX – De la pratique, encore et toujours ........ 127

*Quatrième partie*
**Applications plus spécifiques** ........ 135

X – Comment communiquer avec vos propres animaux ........ 137
XI – Passé, présent et futur ........ 149
XII – Unis pour le meilleur et pour le pire ........ 161
XIII – Animaux perdus ........ 177

*Cinquième partie*
**Communiquer avec la nature** ........ 185

XIV – La vie sauvage ........ 187
XV – Le monde végétal et les paysages ........ 199
XVI – Collaborer avec la Terre ........ 209

*Réponses aux questions des exercices* ........ 215

*« Notre survie matérielle n'est pas notre seule forme de dépendance de la nature. Cette dernière doit également nous indiquer le chemin du retour, la sortie de la prison du mental. Nous nous sommes perdus dans l'action, la pensée, le souvenir, l'anticipation – dans un labyrinthe complexe et un monde de problèmes.*

*En vous promenant, en vous reposant dans la nature, accordez-lui votre respect par une présence entière. Soyez calme. Regardez. Écoutez. Voyez comme chaque animal, chaque végétal est tout à fait lui-même. À la différence des humains, il ne s'est pas scindé. Comme sa vie ne dépend pas d'une image mentale de lui-même, il ne se soucie pas de la protéger ni de l'améliorer. Le cerf est lui-même. La jonquille est elle-même. Tout dans la nature est uni non seulement en soi, mais aussi à la totalité. Rien ne s'est retiré de la trame de l'univers en proclamant une existence séparée : "moi" et le reste de l'univers.*

*La contemplation de la nature peut vous libérer de ce "moi", le grand fauteur de troubles. »*

Eckhart Tolle

Extrait de *Quiétude, À l'écoute de sa nature essentielle*

*« Ce livre, je l'ai écrit à l'intention des animaux de la Terre, des plantes et des forêts, des fleuves et des montagnes, des endroits beaux et sauvages et de l'esprit de la Terre elle-même. Ils veulent tous que nous les entendions de nouveau, comme le faisaient nos ancêtres et que nous accueillions leurs voix dans nos délibérations. J'espère que d'une certaine façon, je contribuerai à cela. »*

Marta Williams

## NOTE DE L'AUTEUR

PAR RESPECT POUR L'ANIMAL, je me suis efforcée de ne pas parler de son « propriétaire » ou de son « maître », mais de me référer plutôt à son « partenaire » humain.

# INTRODUCTION : NOUS SOMMES TOUS RELIÉS

LA PREMIÈRE FOIS QUE J'AI RENCONTRÉ WHISKERS, une jeune pouliche mustang noire, elle avait peur de tout. On ne pouvait ni la brosser ni la doucher, ni même faire le tour de l'écurie en la tenant en longe. Personne ne savait ce qui lui était arrivé, mais il était évident qu'elle avait dû être maltraitée. Quand j'ai commencé à communiquer silencieusement avec elle par le biais de l'intuition, elle m'a raconté son histoire. Elle m'a montré des images de sa mère en train de mourir sous les coups que lui assénaient les hommes qui les avaient capturées toutes les deux. Puis je vis ces mêmes hommes en train de harceler Whiskers, la poussant à bout et s'amusant à la terrifier. Je ressentis une profonde détresse et un terrible sentiment de solitude, ainsi qu'un immense chagrin lié à la perte de sa mère. La pouliche m'expliqua qu'elle ne pouvait plus faire confiance aux humains, ce que je comprenais parfaitement.

Dans l'espoir de l'aider, je lui ai envoyé tout mon amour, ainsi que des images lui montrant le futur, un futur dans lequel elle pouvait être heureuse et en sécurité. Je lui ai dit aussi que ce qui lui était arrivé était une épouvantable erreur et qu'aucun cheval ne méritait de subir un tel traumatisme. Je lui ai promis qu'elle vivrait le reste de ses jours auprès des partenaires humains qui l'avaient adoptée et qu'elle ne serait plus jamais maltraitée. Elle me demanda alors de lui donner un autre nom. « Sadie » me vint immédiatement à l'esprit. C'est ainsi qu'on l'appela désormais.

Tout comme un humain qui aurait vécu pareilles épreuves, Sadie avait besoin de raconter son histoire à quelqu'un qui accepte de l'écouter, de la rassurer et qui lui permette ainsi d'évacuer sa peur, sa tristesse et sa colère. Elle pourrait alors accepter la nouvelle vie que lui offraient ses partenaires humains et apprendre à faire confiance à ces derniers. Le lendemain de notre conversation, elle se laissa pour la première fois doucher et brosser par la personne qui s'occupait d'elle.

Si j'ai pu aider Sadie, c'est parce que j'ai appris son langage – qui est le langage de la vie : la communication intuitive.

Lorsque nous avons conversé ensemble ce jour-là, nous l'avons fait en échangeant des pensées, des sensations et des images. C'est ainsi que fonctionne la communication intuitive. Je me suis basée sur mon intuition ou ma connaissance intérieure pour envoyer et recevoir mentalement des informations.

La communication avec les animaux implique cette capacité à échanger en silence. Dans ce livre, je me réfère à la communication intuitive, qui ne désigne pas seulement la capacité de communiquer avec les animaux, mais qui s'applique également à la communication silencieuse avec tous les êtres vivants. Ainsi, vous pouvez non seulement parler avec tous les animaux, de la libellule aux grands fauves, mais aussi converser avec les plantes, les fleuves, les montagnes, les éléments et les forces de la nature.

Je sais que cela risque de vous paraître impossible et je ne m'attends pas à ce que vous me croyiez sans preuves. J'en ai rassemblé suffisamment, notamment en travaillant avec des animaux, pour être désormais certaine que nous possédons cette capacité. J'ai fini par me prouver que je peux le faire et j'espère que ce livre vous aidera à vous le prouver aussi !

Chez certaines populations indigènes, la communication intuitive fait partie de la normalité. Ces indigènes considèrent les animaux, les plantes et les différentes parties du relief de leur territoire comme des membres de leur famille. Pour eux, chaque forme que prend la vie est dotée de sentiments, d'intelligence, d'esprit et d'une capacité à communiquer.

Voici par exemple ce que dit une femme de la tribu des Wintu qui vivait en Californie à l'époque de la Ruée vers l'Or :

*Les Blancs ne se préoccupent ni de la terre, ni des cerfs, ni des ours. Lorsque nous, les Indiens, nous tuons pour manger, nous ne gaspillons rien. Quand nous déracinons une plante, nous ne faisons qu'un petit trou. Quand nous construisons une maison, nous creusons la terre au minimum. Quand nous brûlons l'herbe afin d'éviter les invasions de sauterelles, nous le faisons avec le plus de précision possible et nous ne gâchons rien. Nous n'abattons pas les arbres, nous ne nous servons que du bois déjà mort. Les Blancs, eux, labourent profondément la terre, ils coupent les arbres, ils tuent tout ce qu'ils trouvent. L'arbre a beau lui dire : « Non, tu m'as blessé, ne me fais pas souffrir davantage », ils l'abattent et le découpent. L'esprit de la terre les déteste. Ils déracinent les arbres et creusent si profondément qu'ils dégradent le sol. Ils scient les branches de l'arbre vivant, en le meurtrissant. Les Indiens prennent soin des végétaux et des animaux, alors que les Blancs détruisent tout. Ils font exploser les rochers et éparpillent les débris sur le sol. Le rocher leur dit : « Arrête. Tu me fais mal ! » Mais les Blancs n'y prêtent aucune attention. Quand les Indiens se servent des pierres, ils en choisissent quelques-unes, petites et rondes, pour cuire leur nourriture. Comment l'esprit de la terre pourrait-il aimer l'homme blanc ? Il fait mal à tout ce qu'il touche.*

Walking Buffalo – appelé aussi Tatanga Mani en langue indienne – faisait partie de la tribu des Stoney dans l'État d'Alberta. Il avait fréquenté les écoles des Blancs, sans jamais rompre sa relation avec la nature. À quatre-vingt-sept ans, il a prononcé un discours à Londres. C'était vers la fin des années 1960.

En voici un extrait :

*« Savez-vous que les arbres parlent ? Ils se parlent entre eux et ils vous parlent aussi, à condition que vous les écoutiez. Le problème, c'est que les hommes blancs n'écoutent rien. Comme ils n'ont jamais appris à écouter les Indiens, je suppose qu'ils n'écoutent pas non plus les autres voix de la nature. Pourtant, j'ai beaucoup appris des arbres. Parfois ils me parlent du climat, parfois des animaux, et parfois du Grand Esprit. »*

Mais nous n'avons pas besoin de remonter le temps pour trouver la preuve que des gens entretiennent cette relation avec la nature. Les croyances exprimées par la femme de la tribu Wintu ou par Walking Buffalo existent encore aujourd'hui dans des cultures indigènes un peu partout dans le monde. Même si la culture moderne a séparé les humains de la nature, la communication silencieuse avec d'autres formes de vie fait partie de notre véritable héritage.

Ainsi, la tribu des U'wa nous fournit un exemple contemporain de cette relation avec la nature. Les U'wa vivent dans les forêts des Andes Colombiennes depuis des millénaires. Aujourd'hui, cette tribu est menacée par l'exploitation économique. La société *Occidental Petroleum* a commencé à sonder leur territoire à la recherche de pétrole. Le forage de puits aurait pour résultat la destruction de la région et du style de vie des U'wa. Ces derniers avaient fait le vœu de se suicider collectivement si ce projet économique se faisait, car ils préféraient mourir plutôt que de contempler la destruction de leur terre natale. Pour eux, le pétrole est le sang qui coule dans les veines de la terre.

Voici leurs propres termes :

*« Le pétrole est le sang de notre Mère la Terre… Extraire ce sang est pour nous pire que tuer notre propre mère. Si vous tuez la Terre, personne ne pourra survivre. »*

Pour que les humains continuent à vivre et à prospérer sur cette planète, nous devons réapprendre à fonctionner en partenariat avec toutes les autres formes vivantes. Nos croyances concernant les animaux et la nature doivent se rapprocher davantage de celles de nos ancêtres et des peuplades indigènes contemporaines. En apprenant la communication intuitive, nous pouvons contribuer à ce processus.

La capacité à communiquer intuitivement avec les animaux et la nature nous donne un formidable pouvoir : celui d'aider à faire cesser le pillage et la destruction et d'apporter un changement positif et protecteur. Ainsi, les membres de la tribu U'wa ont réfléchi à leur projet initial et ont établi une autre stratégie pour traiter avec les compagnies pétrolières. Ils ont décidé de communiquer avec le pétrole, pour le prévenir du projet d'exploitation et lui demander de « bouger » et de se dissimuler de façon à ce que les forages ne puissent pas le détecter. Or, tout récemment, j'ai lu un article de presse indiquant que la compagnie *Occidental Petroleum* – la multinationale impliquée dans les sondages sur le territoire U'wa – avait annoncé qu'elle renonçait à poursuivre ses forages car, contrairement aux attentes, ils ne donnaient aucun résultat.

En communiquant par l'intuition, vous ne cherchez pas à comprendre le langage corporel d'un animal ni à deviner ce qu'il pourrait logiquement vous dire. Pour réussir ce type de communication, il vous faut vous départir de l'aspect logique de votre mental et ne vous fier qu'à votre intuition pour envoyer et pour recevoir les informations. C'est un processus très simple, mais il est tellement éloigné de notre conditionnement et de notre éducation qu'il peut s'avérer difficile à suivre, car votre mental risque de résister. Au début, j'ai eu du mal à maîtriser la technique et à accepter les informations que je recevais. Il m'a fallu du temps et de très nombreuses preuves pour que je m'autorise enfin à croire que ce processus fonctionnait réellement.

Souvent, les gens estiment que ma capacité à communiquer avec les animaux est un don. Bien sûr, la communication intuitive est un don en soi, mais je ne me considère pas particulièrement douée. Chacun de nous possède cette capacité, mais nous n'en sommes pas toujours conscients. Quand nous étions enfants, nous communiquions de cette façon avec les animaux et la nature. En grandissant, les adultes ne nous ont pas encouragés à nous servir de notre imagination ni à suivre nos intuitions, aussi avons-nous cessé d'utiliser ces capacités. L'une de mes étudiantes se souvient du moment précis où elle a arrêté de communiquer avec les animaux. Elle avait huit ans lorsqu'un jour, sur le chemin de l'école, elle a vu des oiseaux sautiller sur l'herbe et elle s'est soudain rendu compte qu'ils ne lui parlaient plus comme avant, ou du moins, qu'elle ne les entendait plus. Elle s'est alors fait la réflexion que c'était normal et que cela devait signifier qu'elle devenait une grande fille.

À mesure que vous redécouvrez cette aptitude, il est fondamental de vérifier la justesse de vos perceptions. Il faut que vous vous prouviez à vous-même que cette communication n'est pas illusoire. Parfois, vous ne pourrez pas vérifier l'information que vous avez reçue et la seule preuve que vous aurez sera donnée par les résultats obtenus. Si vous voyez l'animal changer de comportement après avoir travaillé avec lui, cela tendra à prouver que votre communication était réelle et juste.

On nous a maintes fois répété que les animaux ne pouvaient pas éprouver des émotions aussi sophistiquées que les nôtres. Pourtant, l'expérience que j'ai des animaux et de la nature est en contradiction avec cette théorie. Je suis convaincue que les animaux sont des êtres tout aussi complexes que nous et que l'intelligence et la conscience spirituelle existent dans chaque forme de vie sur terre. J'ai travaillé avec des milliers d'animaux dont les conditions de vie se sont améliorées lorsque leurs partenaires humains ont répondu aux besoins émotionnels qu'ils m'avaient révélés.

*L'une de mes étudiantes a eu ce genre d'expérience pendant qu'elle travaillait dans un refuge pour animaux. Il y avait là un grand chat blanc, qui devenait de plus en plus triste et hargneux. Elle entra en contact avec lui en se servant de ses nouvelles connaissances en matière de communication intuitive. Il lui raconta qu'il déprimait parce qu'il ne pouvait pas sortir à cause du soleil et que jamais il ne serait adopté. Quand elle lui demanda pourquoi il pensait cela, il lui répondit qu'il avait entendu deux personnes parler de lui devant sa cage, et dire que comme il était tout blanc, il ne pouvait supporter le soleil, ce qui rendrait son adoption quasiment impossible. Après s'être renseignée, mon étudiante découvrit qu'en effet, deux personnes travaillant au refuge avaient eu cette discussion devant la cage du chat quelque temps auparavant. Elle revint aussitôt vers le chat et lui assura qu'il pourrait se promener sans souci. Il suffisait de trouver une personne qui accepterait de faire attention à lui en cas de forte chaleur. Pour cela, il fallait qu'il se montre agréable. Immédiatement, le chat changea d'attitude et chaque fois qu'un visiteur se présentait au refuge, il s'avançait aimablement vers lui pour l'accueillir. La semaine suivante, il fut adopté par quelqu'un qui le trouva très beau et qui promit de le protéger du soleil.*

Il arrive parfois qu'un problème de comportement, que l'on croit au départ de nature émotionnelle, soit en fait provoqué par un ennui physique. Pour le déceler, on peut demander à l'animal son avis. Ainsi, l'une de mes clientes, Terry Link, m'a appelée un jour pour me demander pourquoi Tequila, son cheval, se montrait aussi difficile. Elle l'aimait beaucoup, mais son entraîneur lui avait indiqué que le comportement du cheval s'aggravait de jour en jour et qu'il valait mieux le vendre le plus rapidement possible. Terry m'appela au téléphone, me donna le nom de son cheval ainsi que ses caractéristiques physiques et je me mis aussitôt au travail. Dès que j'entrais en communication avec lui, grâce à l'intuition, il me transmit ce message en termes très précis : « *J'ai une côte qui me fait horriblement souffrir !* » Il m'envoya une image mentale dans laquelle je le voyais tourner la tête vers la gauche pour m'indiquer l'emplacement de sa quatrième côte.

Lorsque Terry m'a rappelée, je lui ai donné cette information en lui indiquant qu'il ne s'agissait que d'une intuition et qu'il fallait donc la vérifier en faisant examiner Tequila par un ostéopathe équin. Ce soir-là, je reçus un coup de fil de l'ostéopathe, qui m'annonça d'un ton stupéfait qu'effectivement, la quatrième côte gauche de Tequila avait un problème. L'ostéopathe se demandait comment j'avais pu le savoir alors que je me trouvais à des milliers de kilomètres et que je n'avais jamais vu le cheval, même pas en photo ! Je lui répondis que je m'étais servie de mon intuition et que je serais enchantée de lui apprendre à faire de même, car je suis convaincue que tout le monde peut y arriver. Après avoir été soigné, Tequila retrouva un comportement calme et agréable.

Les animaux changent souvent de comportement parce qu'ils souffrent physiquement. Ils tentent de nous en informer, mais si nous ne comprenons pas le message, ils vont alors se comporter de façon à ce qu'on s'occupe de leur problème. Les chiens et les chats peuvent se mettre à uriner sur le tapis, ou bien montrer de l'agressivité sans raison apparente. Il est toujours bon de faire une visite chez le vétérinaire afin de savoir si la cause de ce comportement est d'origine physique. Si ce n'est pas le cas, alors la communication intuitive peut vous aider à résoudre le problème. Même si nous ne communiquons plus spontanément et librement avec d'autres formes de vie comme le faisaient nos ancêtres indigènes, la porte de la communication intuitive nous est toujours ouverte. La capacité à communiquer de cette façon fait partie de notre nature, tout comme le fait de voir ou d'entendre. Il suffit, pour retrouver cette faculté, d'étudier et de pratiquer. Ceux qui en ont vraiment le désir peuvent devenir d'excellents communicateurs. Dans la mesure où nous sommes tous nés avec cette aptitude, je n'ai plus qu'à vous apprendre comment vous pouvez la redécouvrir, puis vous en servir consciemment et enfin la perfectionner. C'est l'objectif de ce livre.

Cet ouvrage va vous montrer comment développer votre communication intuitive, en vous guidant étape par étape. Ainsi, même si vous habitez une île déserte au large de l'Alaska, vous pouvez grâce à ce simple livre apprendre à communiquer avec les animaux et avec la nature en général. J'ai mis au point des exercices amusants et faciles à faire. La plupart de ces exercices peuvent être vérifiés, ce qui vous permettra de vous rendre compte de l'exactitude des informations que vous recevez des animaux. J'ai inclus dans cet ouvrage des suggestions pour vous permettre de résoudre les blocages que vous pourrez rencontrer lors de votre apprentissage. J'ai aussi ajouté un chapitre sur la communication et la collaboration que vous pouvez avoir avec la faune sauvage, les plantes qui poussent dans votre jardin, et les éléments du paysage, comme les montagnes ou les lacs.

Selon ma propre expérience, on apprend surtout la communication intuitive en la pratiquant sur le terrain. Je vous suggère de vous procurer un bloc-notes un peu épais, à la couverture solide, que vous pourrez emporter partout avec vous. Pour prendre confiance, il est indispensable d'inscrire vos résultats au jour le jour, et d'y jeter un coup d'œil de temps à autre afin d'évaluer vos progrès.

À mesure que vous retrouverez votre capacité à communiquer avec les animaux et avec la nature en général, vous apprendrez de nouveau à vivre en équilibre et en harmonie avec eux comme s'ils étaient des parents proches. C'est là mon espoir le plus cher.

PREMIÈRE PARTIE

# L'univers de la communication intuitive

# I
# Comment j'ai appris à communiquer intuitivement

JE NE SUIS PAS NÉE EN SACHANT COMMUNIQUER consciemment avec les animaux. Je l'ai appris en étudiant et en pratiquant, et chacun peut faire de même. Je ne pense pas que je possède un don que vous n'avez pas. Pendant plus de dix ans, j'ai enseigné la communication intuitive et je n'ai encore jamais rencontré quelqu'un qui soit incapable de l'apprendre. La seule différence qui existe entre un débutant et moi, c'est le temps que j'ai passé à l'explorer et à la pratiquer.

J'ai toujours été intéressée par la nature et par les animaux: c'est ce qui m'a poussée à étudier la protection des ressources naturelles à l'Université de Californie, à Berkeley. Dans ma jeunesse, j'ai beaucoup souffert du dos, à tel point que j'ai dû faire une pause dans mes études. Comme je n'avais pas envie de subir une opération chirurgicale, je me suis intéressée aux thérapies alternatives, ce qui m'a mise en contact avec des gens très différents de ceux que je fréquentais à l'université. Si je n'avais pas eu cette expérience et ces rencontres avec toutes sortes de thérapeutes et de guérisseurs, je n'aurais sans doute pas accepté aussi facilement le concept de communication intuitive lorsqu'il a croisé mon chemin plus tard.

Un jour, quelqu'un m'a suggéré de lire un livre écrit par J. Allen Boone[1]. Ce jour-là, ma vie a changé. Dans ce livre, Boone y parle de son expérience avec un berger allemand. Il découvre que non seulement l'animal est bien plus intelligent que lui, mais il se rend compte également que ce chien comprend ses moindres pensées et tous ses faits et gestes. Cette lecture me persuada de la réalité de la communication intuitive. En revanche, Boone n'explique guère la technique qu'il utilise pour parvenir à communiquer avec l'animal.

Ce qui me plaît particulièrement dans son livre, c'est qu'il expose une éthique et une philosophie peu répandue dans la société. En effet, Boone souligne l'égalité existant entre tous les êtres vivants et estime que toute vie, quelle que soit sa forme, réagirait favorablement si nous lui montrions de l'intérêt et du respect.

Il n'établit aucune frontière entre les différentes formes de vie. La communication silencieuse qu'il a découverte avec le berger allemand a donc le pouvoir de tous nous réunir.

Après mes études universitaires, j'ai travaillé pendant cinq ans à la tête d'un service de conservation et de restauration de la faune sauvage. Mais je souhaitais m'impliquer davantage dans la protection de la planète, aussi ai-je repris des études de biologie à l'université de San Francisco, en pensant qu'un diplôme scientifique me permettrait d'avoir plus d'impact. Je conduisis ensuite différentes missions concernant la sauvegarde de l'environnement, tout en sentant que je n'avais pas encore trouvé ma voie.

---

[1] *Kinship with all life.*

Vers la fin des années 1980, j'ai décidé d'entreprendre une « quête de vision »[2] Les bouleversements écologiques et climatiques provoqués par l'activité humaine me préoccupaient. Selon une prophétie de la tribu Hopi, il fallait, pour éviter une destruction encore plus grande et plus globale, que les gens changent leur niveau de conscience et se relient de nouveau aux animaux, à la nature et à l'esprit. Je réfléchissais beaucoup à la façon dont on pourrait inciter les gens à rétablir cette relation dans notre monde moderne. Je suis donc partie dans les montagnes californiennes, en espérant que la meilleure façon dont je pourrais aider ce changement de conscience à se faire me serait révélée. Au cours de ma « quête », j'entendis parler d'une femme qui enseignait la communication avec les animaux. Cela m'intrigua aussitôt, et j'y pensais continuellement. J'avais l'impression d'être guidée vers ce travail.

Dès mon retour, je m'inscrivis aux stages donnés par cette femme, et je me mis à lire tout ce qui avait été publié sur le sujet de la communication avec les animaux. Je compris très vite que la tâche serait ardue. En effet, j'avais constamment l'impression d'inventer les messages que je recevais, ce qui me mettait en situation d'échec.

Par ailleurs, lorsque je parlais de ce sujet à des personnes qui n'étudiaient pas ces cours, je n'entendais que des commentaires réservés, voire hostiles. À l'époque, la plupart des gens considéraient cette activité comme une absurdité. En tant que scientifique, j'avais eu l'habitude d'être respectée. Maintenant, je devais redécouvrir ma capacité à communiquer intuitivement, et en outre, faire face aux tabous associés à ce sujet, tout en gardant confiance en dépit des doutes et des critiques des gens de mon entourage.

[2] N.D.T. : La quête de vision est une tradition observée par de nombreuses tribus indigènes. Le « quêteur » part dans la nature pour rechercher une vision et une guidance. Cela s'accompagne souvent d'un jeûne.

Aujourd'hui, je me rends compte à quel point ce processus m'a rendue forte, car j'ai appris à me fier à moi-même et à mon intuition. De plus, cette expérience m'a incitée à rechercher une façon d'enseigner aux autres qui soit à la fois facile et efficace.

*Un jour, il s'est passé un événement qui a marqué un tournant dans mon étude de la communication intuitive.*
*Je vivais avec un ami qui ne croyait pas vraiment que l'on pouvait communiquer avec les animaux. À l'époque, j'avais plusieurs chats, dont une petite chatte tigrée nommée Jenny.*
*Quand je revins chez moi ce soir-là, mon ami m'interpella :*
*– On va voir si tu ce que tu étudies est vrai. Dis-moi ce que Jenny a fait aujourd'hui ?*
*Il était resté à la maison toute la journée et avait eu le temps d'observer les activités de notre chatte.*
*Je m'approchai de Jenny, et les yeux clos, je lui demandai mentalement : « Jenny, qu'est-ce que tu as fait aujourd'hui ? »*
*Je reçus aussitôt une image me montrant Jenny en équilibre sur la barrière de mon jardin, le museau contre celui d'un écureuil qui se trouvait lui aussi sur la barrière. C'était bien la première fois que je voyais une scène pareille ! L'image me semblait étrange et je risquais fort de me tromper. Je décidai pourtant de dire exactement ce que j'avais vu. Après m'avoir écoutée, mon ami demeura bouche bée. Il me confirma que c'était exactement ce qui s'était passé. Pour la première fois, j'avais la preuve indéniable que la communication intuitive fonctionnait avec précision et que j'étais capable de l'émettre et de la recevoir.*

À ce moment-là, j'ai décidé de pratiquer sérieusement. J'ai organisé un groupe de travail avec certaines personnes qui suivaient le même enseignement que moi. J'ai parlé intuitivement à tous les animaux que je rencontrais. Je demandais aux animaux sauvages quelles étaient leurs mœurs et leurs habitudes, puis je me précipitais pour vérifier leurs réponses dans des ouvrages spécialisés. Je parlais aux chiens dans les jardins publics, puis j'engageais la conversation avec leurs partenaires humains afin de vérifier si le message que j'avais reçu était exact. Chaque fois que je recommençais à douter, je faisais une expérience qui me confirmait la réalité de la communication intuitive.

C'est ainsi que je suis allée chez l'une de mes amies qui m'avait invitée à communiquer avec son chien. Sceptique, elle me suggéra de demander à son animal quelle était l'activité qui lui donnait le plus de plaisir. À peine avais-je posé la question au chien qu'il m'envoya une image étonnante : il était assis sur une chaise, un chapeau en papier sur la tête, installé devant une table basse et entouré d'autres chiens portant le même genre de chapeaux. Sur la table trônait un gros gâteau d'anniversaire.

> Lorsque nous faisons l'expérience de la communication intuitive avec les animaux, la façon dont nous percevons l'univers se transforme.

Vous pouvez imaginer le genre de discussion que j'ai eue avec moi-même ! Comment pouvais-je raconter à cette femme ce genre de vision ? Pourtant, je savais que l'image que j'avais reçue était exacte. D'ailleurs, je n'aurais pas pu l'inventer, car je n'avais jamais entendu parler de goûter d'anniversaire pour chiens. Si je voulais travailler dans le domaine de la communication intuitive, je devais décrire l'image que j'avais reçue : tant pis pour les conséquences ! Il me fallait accepter le risque de passer pour une folle, c'est d'ailleurs l'un des nombreux défis que l'on doit relever dans ce genre de travail. Quand je lui racontais la scène, mon amie me la confirma aussitôt.

– Oh, c'est vrai, nous lui organisons un goûter d'anniversaire chaque année, nous invitons tous ses amis chiens et je leur fais un gros gâteau ! Je leur achète des chapeaux en papier et je les installe à table, ils adorent cela…

Puis elle se tourna vers moi, les sourcils froncés.

– Mais je ne suis pas encore convaincue que ce truc que tu apprends marche vraiment.

Eh bien, moi je l'étais!

J'ai commencé à travailler à mi-temps en tant que communicateur animalier. J'enseignais ma méthode et j'aidais les gens à résoudre les problèmes qu'ils avaient avec leurs animaux au cours de consultations privées. Peu à peu, ce travail est devenu un job à temps plein.

Lorsque nous faisons l'expérience de la communication intuitive avec les animaux, la façon dont nous percevons l'univers se transforme. Chaque animal sur terre devient un individu capable de ressentir et d'avoir des émotions. Une fois que nous avons réellement communiqué avec les animaux, il est impossible de revenir en arrière et de penser qu'ils nous sont inférieurs ou que ce sont des êtres bornés.

Dans les années 1980, à l'époque où j'ai commencé à l'étudier, cette forme de communication était très peu connue et ceux qui la pratiquaient étaient tournés en dérision. Aujourd'hui, des milliers de gens apprennent à communiquer intuitivement avec les animaux et des millions de personnes savent que cela existe. On en parle à la radio, à la télévision et dans les journaux. Je suis très heureuse de voir que l'on accepte désormais le fait que les animaux sont des êtres sensibles, même si la science continue parfois à en douter. Il est urgent que nous soyons de plus en plus nombreux à agir en faveur des animaux et de notre planète.

# II
# L'intuition : un talent caché

CHACUN DE NOUS A DE L'INTUITION, mais cette faculté est réprimée dès notre jeune âge par nos parents, nos enseignants et notre entourage en général. Dans notre culture, dominée par la raison et la logique, il est habituel d'étouffer notre intuition.

L'intuition est une fonction de notre hémisphère cérébral droit, qui est associé à la créativité et à l'émotion. L'intuition provient du plus profond de nous-mêmes, c'est notre sixième sens. Enfants, nous nous en servions librement. Peu importait si quelque chose semblait illogique ou absurde, nous agissions avec spontanéité. Nous savions recevoir des informations intuitives et nous pouvions communiquer avec les animaux. Puis nous avons grandi et on nous a appris à nous dissocier de notre être profond, à critiquer et à refuser consciemment nos informations intuitives et tout ce qui n'était pas logique. À l'âge adulte, nous recevons encore des données intuitives et nous agissons souvent en fonction de ces données, mais ce processus se fait désormais à un niveau inconscient.

Comme nous avons été conditionnés de façon à réprimer notre intuition, cette dernière n'émerge généralement qu'au moment d'une crise. Voici une histoire que m'a racontée l'une de mes clientes qui illustre bien ce processus.

*Un jour, alors qu'elle se rendait en voiture à son travail, elle s'est rendu compte qu'une image la hantait. Elle voyait le dessous de la table de sa salle à manger et cette vision lui revenait constamment à l'esprit avec un sentiment d'urgence. Elle finit par se dire qu'il y avait peut-être un début d'incendie chez elle, ou un autre problème, et elle fit demi-tour. Une fois chez elle, elle se précipita dans sa salle à manger et trouva sous la table son chat en proie à des convulsions. Il était couché sur le dos et avait le regard fixé sur le dessous de la table.*

Ceci est un bon exemple de la façon dont fonctionne l'intuition : ce n'est ni un processus rationnel, ni un raisonnement analytique, ni une sorte de devinette. Ma cliente ne pouvait pas avoir reçu cette image de façon logique et pourtant elle était tout à fait exacte.

J'ai entendu d'innombrables histoires du même genre, relatées par mes clients ou par mes étudiants, indiquant qu'ils avaient appris à distance, grâce à leur intuition, à quel moment précis l'un de leurs proches avait eu un accident ou une maladie.

## L'intuition dans la vie quotidienne

Inconsciemment, nous nous servons de notre intuition tous les jours. C'est ainsi que nous parvenons à « saisir » des personnes inconnues ou des situations inédites et à savoir comment réagir quand nous nous trouvons face à un événement qui échappe à toute logique.

Vous êtes sans doute bien plus intuitif que vous ne le pensez. Voici un test qui vous permettra d'évaluer la façon dont vous vous servez de votre intuition, ou la manière dont vous l'avez développée.

## Test du quotient intuitif

Répondez aux questions suivantes en leur donnant l'une des trois notes ci-dessous :

**0** = Jamais – **1** = Parfois – **2** = Souvent

1 • Vous est-il arrivé de penser à une personne et de recevoir un coup de fil ou un message de celle-ci peu de temps après ? .....

2 • Avez-vous déjà deviné, sans aucune explication logique, qui vous appelait avant de décrocher le téléphone ? .....

3 • Pouvez-vous estimer de façon exacte les émotions d'une autre personne ? .....

4 • Pouvez-vous estimer avec exactitude les émotions d'un animal ? .....

5 • Vous êtes-vous méfié de quelqu'un – ou d'une situation – sans raison apparente, pour découvrir par la suite que votre méfiance était justifiée ? .....

6 • Avez-vous entendu un animal vous parler mentalement, ou avez-vous reçu une image transmise par un animal ? .....

7 • Avez-vous entendu une personne vous parler mentalement, ou avez-vous vu dans votre esprit une image envoyée par une personne ? .....

8 • Avez-vous ressenti de façon indéniable une émotion qui vous a été transmise par un animal ? .....

9 • Avez-vous ressenti de façon indéniable une émotion qui vous a été transmise par une personne ? .....

10 • Votre première impression est-elle généralement exacte ? .....

11 • Avez-vous eu le sentiment (sans aucune logique) que vous devriez (ou que vous ne devriez pas) faire quelque chose et découvrir ensuite que votre sentiment était juste ? .....

12 • Vous est-il arrivé de savoir pertinemment que quelqu'un vous mentait (sans en montrer aucun signe extérieur), pour découvrir ensuite que vous aviez raison ? .....

13 • Avez-vous senti que quelque chose d'imprévisible allait se passer, ou bien l'avez-vous su au moment où cela se passait loin de vous ? (par exemple, savoir que quelqu'un est en train de mourir.) .....

14 • Avez-vous ressenti qu'une force invisible vous protégeait d'un danger (par exemple, que l'« on » vous empêchait de partir et que vous évitiez ainsi un accident) ? .....

15 • Faites-vous des rêves prémonitoires ? .....

16 • Ressentez-vous la douleur physique d'une personne ou d'un animal, ou les symptômes de sa maladie, dans votre propre corps ? (si c'est le cas, lisez attentivement le chapitre XII) .....

17 • Les motifs des gens vous paraissent-ils toujours évidents ? .....

18 • Avez-vous l'impression d'être guidé intérieurement dans la vie ? .....

19 • Avez-vous tendance à avoir souvent des pressentiments, des sensations et des impressions à propos de personnes ou de choses ? (même si vous les refoulez) .....

20 • Y a-t-il beaucoup de coïncidences dans votre vie ? .....

TOTAL ....

Faites le total des notes et voyez ci-après quel est le niveau de votre intuition en ce moment :

- **0 à 13 :** Votre intuition est à l'état latent. Mais ne vous inquiétez pas, c'est un talent inné, vous l'avez mais vous ne vous en servez pas. Il est possible que vous ayez été sévèrement conditionné et que l'on vous ait appris à donner la priorité à la logique et au rationnel en mettant de côté ce que vous ressentiez et ce que vous pressentiez. Peut-être avez-vous, de vous-même, décidé d'inhiber votre intuition. Cela signifie que vous allez devoir travailler un peu plus qu'une personne dont on a encouragé cette faculté dès l'enfance, ou qui en tout cas n'a pas été « conditionnée » de façon à demeurer dans un cadre purement logique. Pour vous, il serait bon d'assimiler les techniques décrites au chapitre VII, intitulé « Le critique intérieur ».
- **14 à 27 :** Votre intuition est bien développée et vous avez l'habitude de vous en servir, même si vous n'en êtes pas toujours conscient. Peut-être ne croyez-vous pas vraiment en vos capacités intuitives, pourtant il est évident que vous faites des choix judicieux en vous basant sur elles. Vous profiterez sans doute des techniques indiquées dans le chapitre VII de ce livre, qui sont destinées à vous aider à faire confiance à votre intuition et à vous en servir de façon plus consciente et plus contrôlée.
- **28 à 40 :** Vous avez beaucoup d'intuition et vous le savez sans doute. Certaines personnes qui ont ce genre de capacité intuitive peuvent en être gênées. En étudiant les techniques données dans ce livre, vous pourrez contrôler davantage la façon dont vous l'utilisez. Il est probable que quelqu'un, dans votre vie, vous a servi de modèle pour développer votre intuition, ou bien vous a encouragé à le faire. Ou peut-être avez-vous fait une expérience importante qui vous a ouvert à cette faculté.

# Définitions

Le terme « intuition » a une large signification et se réfère à toute perception extrasensorielle, c'est-à-dire à ce que vous pouvez percevoir indépendamment des cinq sens (l'ouïe, la vision, le toucher, l'odorat et le goût). Les perceptions extrasensorielles sont parallèles à ces cinq sens. Par exemple, vous pouvez voir certaines choses intuitivement, mais vous les verrez en tant qu'image mentale ou visualisation, et non pas comme une scène que vos yeux perçoivent directement.

Quand vous communiquerez intuitivement, vous vous servirez de l'une ou de plusieurs perceptions extrasensorielles décrites ci-dessous :

- **La clairvoyance** : c'est, littéralement, « voir clair ». Dans le cadre de la communication intuitive, cela signifie l'aptitude à voir des images mentales. La clairvoyance concerne également la capacité de savoir intuitivement quelque chose dans le passé, le présent ou le futur, sans explication logique. Vous pouvez vous servir de ce sens intuitif pour voir à distance, comme, par exemple localiser l'endroit où se trouve un animal qui s'est perdu. Vous pouvez aussi l'utiliser pour percevoir le passé d'un animal, ses expériences et ses anciens partenaires humains. La clairvoyance fonctionne également quand une pensée, qui se révèle être une information intuitive, vous traverse l'esprit – par exemple, quand vous savez qui vous appelle au téléphone avant de décrocher.

- **La « clairsentience »** : cela concerne l'aptitude à ressentir intuitivement les émotions ou les sensations physiques d'un autre être. Cette aptitude est souvent appelée « empathie ». Les gens peuvent ressentir une douleur dans leur corps ou être submergés par une émotion qui provient d'une autre forme de vie.

- **La « clairaudience »**, ou « oreille psychique », signifie que vous pouvez entendre mentalement des mots et des phrases. On l'appelle également « télépathie ». Vous pouvez entendre ces mots et ces phrases comme s'ils étaient prononcés par votre propre voix. Vous devrez sans doute avoir des preuves avant de croire que le message ne vient pas de vous-même mais provient d'une source extérieure.

- **La « clairalience »**, ou « nez psychique », est la capacité de sentir mentalement des odeurs. Cette aptitude est moins répandue. Ainsi, une personne, en demandant à un cheval quelle est sa friandise préférée, pourra sentir clairement l'odeur d'une pomme ou d'une carotte.

- **La « clairambience »** est la capacité à ressentir une impression de goût. Ainsi, vous pouvez avoir un goût de poisson si un chat vous indique ce qu'il aime particulièrement manger.

## La science et l'intuition

Depuis quelques décennies, certains scientifiques – notamment dans le domaine de la physique – ont commencé à reconnaître et à étudier l'intuition, souvent classée comme « phénomène psychique ». Ils admettent peu à peu que les informations obtenues intuitivement peuvent s'avérer parfaitement exactes. D'après leurs expériences, nous possédons tous cette capacité, il suffit de la cultiver.

Ainsi, Russell Targ, auteur du livre intitulé *Miracles of the Mind,* définit la capacité de voir à distance comme étant la faculté de se brancher sur l'inconscient universel, qu'il appelle « l'esprit non localisé ». Voici ce qu'il dit à ce sujet. *« Ce phénomène fascinant, qui n'est pas encore pleinement compris et qui nous relie l'un à l'autre et au monde en général, nous permet de décrire, d'expérimenter et d'influencer des activités qui se passent n'importe où dans l'espace et dans le temps. »*

L'étude de « l'esprit non localisé » entre dans le cadre de la physique quantique. D'après des expériences vérifiées, Targ affirme l'existence de l'interrelation quantique – l'interrelation de la matière dans sa globalité. Ainsi, en mesurant la polarisation de deux photons nés d'une même interaction, mais se déplaçant dans des directions différentes, des chercheurs ont découvert que la polarisation de l'un des photons semble être modifiée par le simple fait d'observer l'autre photon, même s'ils se déplacent en s'éloignant l'un de l'autre. Grâce à ce genre d'expérience, les physiciens postulent que toute matière est consciente et en état de communiquer avec toute autre matière à n'importe quel moment. C'est cette dynamique qui nous permet de connaître n'importe quelle information à n'importe quel moment. Il nous suffit pour cela de nous brancher sur l'inconscient – ou l'esprit – collectif.

Christian de Quincey, dans son livre *Radical Nature,* offre une excellente analyse et sans doute la meilleure explication du concept de l'esprit non localisé. Il développe également l'idée que toute matière est dotée de conscience.

Le jour où nous admettrons que les animaux peuvent ressentir de la terreur, de la tristesse, de la douleur et de la dépression, nous ne pourrons plus les exploiter de façon aussi irrespectueuse dans les laboratoires ou dans les fermes industrielles.

# La science, les animaux et la nature

Les gens pensent souvent qu'il est ridicule de croire que les animaux éprouvent des sentiments ou qu'ils sont capables de raisonner. On nous apprend à ne pas faire d'anthropomorphisme, à ne pas expliquer le comportement animal par des causes émotionnelles. On nous dit que les animaux agissent aveuglément, uniquement guidés par leur instinct de survie. Bref, l'humanité moderne a tendance à considérer les animaux comme lui étant inférieurs.

Au cours de mes études universitaires, je me suis rendu compte que de nombreux scientifiques, notamment les biologistes, ont un point de vue assez limité sur les aptitudes des autres formes de vie. Pour la plupart d'entre eux, seuls les êtres humains sont capables de ressentir de la joie ou de la tristesse, de se servir d'un langage complexe, ou de se comporter de façon altruiste.

Il existe sans doute de multiples raisons pour lesquelles la communauté scientifique ne souhaite guère explorer les émotions chez les animaux, l'une d'elles – et non des moindres – étant que si les animaux et d'autres formes de vie s'avèrent capables d'avoir des émotions intenses, au même titre que les humains, il faudra en tirer les conséquences. Ceci impliquerait un changement dans bien des aspects de la vie moderne, notamment l'aspect commercial. Le jour où nous admettrons que les animaux peuvent ressentir de la terreur, de la tristesse, de la douleur et de la dépression, nous ne pourrons plus les exploiter de façon aussi irrespectueuse dans les laboratoires ou dans les fermes industrielles.

Le domaine de la communication intuitive avec les animaux et la nature représente une « science » nouvelle. S'il n'est pas accepté comme sujet de recherche par les scientifiques traditionnels, il est jugé fascinant et très prometteur par des scientifiques moins conformistes et plus indépendants.

## Les animaux et l'intuition

Les animaux savent encore ce que nous les humains, nous avons oublié : le fait d'être relié à notre être profond, intuitif, peut être une question de vie ou de mort. L'une des preuves les plus flagrantes en est le changement de comportement d'un animal, un chien par exemple, qui est toujours aimable et accueillant, mais qui devient soudain méfiant, voire agressif, quand une personne que vous ne connaissez pas vient vous voir… Et vous découvrez par la suite que cette personne n'était pas digne de votre confiance.

Rupert Sheldrake est l'un des rares biologistes à s'être intéressé à l'intuition. Il a mené une expérience, dans des conditions scientifiques, sur le phénomène des animaux qui savent à quelle heure leurs partenaires humains vont rentrer à la maison. Sheldrake a filmé à plusieurs reprises un petit chien qui avait l'habitude d'aller s'asseoir près de la porte de la maison exactement dix minutes avant que sa maîtresse n'arrive. Pour éviter toute possibilité de coïncidence, on demandait à cette femme de rentrer à des heures différentes. Parfois, elle devait revenir très rapidement après son départ, parfois elle ne devait rentrer que très tard. On ne lui disait à quelle heure elle devait rentrer que lorsqu'elle s'était déjà éloignée de chez elle. Le chien demeurait seul dans la maison et il était filmé par une caméra vidéo. La femme ne donnait aucun signe susceptible d'être détecté par le chien. Elle rentrait à pied, afin qu'il ne puisse pas entendre le moteur d'une voiture. La capacité du chien à prévoir exactement à quel moment sa maîtresse allait revenir a atteint un niveau statistique élevé. Sheldrake a même permis à l'un des scientifiques qui critiquait son travail de conduire l'expérience. Les résultats ont été tout aussi probants. Le chien parvenait à savoir quand rentrait sa partenaire humaine grâce à une faculté qui semblait être, pour Sheldrake, bel et bien de l'intuition.

Les animaux ont une excellente intuition. On ne leur a pas appris que cela n'existait pas et ils ne sont pas limités par notre conditionnement culturel. Ils communiquent intuitivement, que ce soit au sein d'une même espèce ou entre des espèces différentes. De plus, ils comptent sur leur intuition pour les avertir d'un danger, pour les aider à évaluer les êtres humains, les autres animaux et certaines situations. C'est cette capacité qui permet aux animaux de prévoir certains événements et de connaître les vrais motifs d'un être humain. Ceci explique leurs comportements particuliers, que ce soit avant un tremblement de terre ou avant que leur partenaire humain ne soit terrassé par une crise d'épilepsie. En travaillant avec les animaux pour apprendre l'art de la communication intuitive, selon les étapes préconisées dans ce livre, vous serez auprès des meilleurs enseignants de la planète.

## Exercices pour augmenter votre capacité intuitive

Voici trois exercices que vous pouvez pratiquer pour développer votre capacité intuitive. Avant de commencer, prenez un bloc-notes qui vous servira pour tous les exercices indiqués dans ce livre. Vous y noterez vos résultats en prenant le soin de souligner ou de marquer d'un signe particulier toutes les informations exactes que vous avez reçues. Ainsi, vous pourrez évaluer d'un coup d'œil vos succès et votre taux d'exactitude. Ce système vous permettra de progresser et d'avoir confiance en vous.

### 1er exercice : Qui est à l'appareil ?

Essayez de deviner qui vous appelle avant de décrocher le téléphone. Écrivez ce que vous avez deviné à chaque fois. Vos résultats devraient s'améliorer sensiblement au bout de deux semaines de pratique.

### 2e exercice : Au jugé

Devinez consciemment l'évolution de chaque situation inconnue à laquelle vous devez faire face dans votre vie quotidienne. Notez vos « prédictions » concernant ce genre de situation indéterminée, comme le résultat d'un match sportif, le succès d'une entreprise, ou la fluidité de la circulation en ville.

### 3e exercice : Notez vos intuitions

Notez sur votre cahier toute pensée intuitive qui pourrait vous venir pendant la journée : la vision de votre avenir, la raison qui d'après vous aurait pu provoquer une situation, ou tout autre pensée s'apparentant à de l'intuition. Chaque fois que vous êtes confronté à une situation confuse ou troublante, posez-vous la question suivante : « Qu'est-ce que mon intuition – ou ce que je ressens – peut me dire à ce propos ? » Écrivez les réponses que vous obtenez.

Au bout d'une semaine, parcourez vos notes pour évaluer la justesse de vos intuitions.

# III
# Comment se servir de l'intuition pour communiquer sans paroles

LA COMMUNICATION INTUITIVE est le langage universel de la vie, elle n'a jamais besoin de traduction. Grâce à l'intuition, je peux envoyer mentalement un message en anglais à un cheval qui se trouve en Allemagne et qui n'a jamais entendu un mot d'anglais. Pourtant, il me comprendra parfaitement.

La communication intuitive a des avantages que n'ont pas les langues parlées : ainsi, elle est instantanée, et d'énormes fichiers d'informations peuvent être transmis en une nanoseconde. Cela ne se passe pas toujours ainsi, mais quand cela arrive, les informations sont reçues avec une sensation de « savoir ». Par exemple, vous savez tout du passé d'un animal, ou bien vous voyez exactement ce qui ne va pas chez lui. Vous le savez d'emblée, comme si les informations vous avaient été transmises toutes ensemble, en un seul bloc.

Je compare le langage parlé à une machine à écrire et la communication intuitive à l'ordinateur le plus puissant qui existe. À la différence du langage parlé, la communication intuitive peut se faire indépendamment de l'espace et du temps. C'est le postulat des scientifiques qui explorent les capacités intuitives. Ainsi, vous pouvez vous servir de votre intuition pour communiquer d'un pays ou d'un continent à l'autre, pour jeter un coup d'œil vers le futur, ou pour voir des événements qui se sont produits dans le passé.

Dans le cadre de mes consultations, je travaille souvent avec les gens au téléphone ou par courrier électronique et j'entre en contact avec mes clients animaux dans le monde entier. On m'a invitée un jour à participer à une émission télévisée. L'un des autres invités était un spécialiste du comportement animal. Il a déclaré qu'en fait de communication intuitive, je me bornais à deviner les réactions de l'animal en me basant sur son langage corporel et ma connaissance des animaux. J'ai facilement réfuté son accusation en lui démontrant que je ne voyais que très rarement mes clients animaux et que la plupart du temps, je ne regardais même pas leur photo si l'on m'en envoyait une. Il me suffit d'avoir le nom de l'animal, son âge et une description sommaire. Ensuite, je me « branche » sur lui, les yeux clos, et j'imagine à quoi il ressemble, comme si je le regardais sur un écran devant moi. C'est un peu comme si je m'ajustais à une fréquence radio.

Quand les gens me demandent comment je peux être certaine de communiquer avec un chat noir nommé Blackie, je réponds que c'est grâce à mon intention de parler à ce chat en particulier, qui vit avec la personne qui m'a contactée, dans la région qui m'a été indiquée. C'est ainsi que j'ai le bon contact, sur un plan à la fois mental et émotionnel, et que j'établis une relation intuitive immédiate avec l'animal.

J'évite de deviner en me basant sur des informations logiques. Au contraire, je me fonde sur ce que mon intuition m'apporte. D'ailleurs, il m'arrive souvent de recevoir des informations illogiques, qui peuvent même sembler absurdes et que je n'aurais jamais pu imaginer. Elles ne peuvent donc provenir que de l'animal lui-même.

*On m'a demandé un jour de communiquer avec un chien qui était proche de la mort, afin de savoir s'il avait un dernier souhait à formuler avant s'en aller. Lorsque j'ai contacté ce chien, il m'a envoyé des images d'un terrain sur lequel décollaient et atterrissaient des avions, en m'indiquant que c'était ce qu'il voulait faire avant de mourir. Je n'y comprenais rien, car je ne connais aucun animal qui aime les avions et, d'instinct, j'aurais tendance à les en éloigner le plus possible. Je savais donc que je n'avais pas pu imaginer ce genre de renseignement. Je vis sur la côte ouest des États-Unis et le chien habitait sur la côte est. Je n'avais jamais mis les pieds dans la maison de ses partenaires humains. Quand j'ai donné l'information à la femme qui prenait soin de lui et qui m'avait contactée, elle m'a dit que son frère pilotait des avions et que le chien l'accompagnait continuellement car il adorait voler.*

Par ailleurs, pour illustrer le fait que nous avons accès, grâce à la communication intuitive, à une banque de données indépendante du temps et de l'espace, je vais vous donner l'exemple suivant. Il m'arrive souvent de travailler avec un animal déjà mort, car cela permet à ses partenaires humains de faire plus facilement leur deuil. Dans ce cas, je contacte l'esprit de l'animal en me basant sur la description qu'on m'a fournie, ou sur une photo. Bien entendu, je vérifie toujours les informations reçues. On m'a ainsi demandé de contacter un chat. Ce dernier m'a dit, entre autres, deux choses précises : au cours de la semaine qui avait précédé sa mort, sa partenaire humaine l'avait amusé car elle portait de l'eau partout où elle allait. De plus, la mère de sa partenaire était malade pendant qu'il agonisait.

Quand j'ai donné ces deux informations à la femme qui m'avait demandé de contacter son chat, elle m'a déclaré qu'elle ne voyait pas à quoi elles se rapportaient. Nous en avons déduit que je n'avais pas réussi à me « brancher ». Quelques jours plus tard, cette femme m'a téléphoné. Elle venait de se rappeler que lorsque son chat était mourant, elle s'était foulé la cheville et portait constamment de la glace autour de sa cheville (ce que le chat avait interprété comme étant de l'eau et qui se trouvait à la hauteur de ses yeux). Quant à sa mère, qui vivait dans un pays fort éloigné à l'époque, elle l'avait appelée effectivement un soir pour lui annoncer qu'elle devait subir une intervention chirurgicale.

Contrairement au langage parlé, la communication intuitive n'est pas affectée par d'éventuelles interférences. Ainsi, quand vous parlez à haute voix, vous devez faire attention à ne pas être interrompu, et éviter que plusieurs personnes parlent en même temps si vous voulez que l'on vous entende. En revanche, la communication intuitive fonctionne si rapidement que les interférences importent peu. Pendant mes stages, il arrive qu'une trentaine de participants posent la même question au même moment au même animal, sans problème. Chacun reçoit une réponse de l'animal, – réponse qui est souvent la même et dont l'exactitude peut être vérifiée. D'après ce que j'ai pu observer, les seules contraintes proviennent de l'animal, qui peut se sentir gêné par tant de personnes. Dans ce cas, l'animal indiquera qu'il est mal à l'aise, ou bien il refusera de communiquer.

Je peux vous assurer que vous échangez intuitivement des informations avec vos animaux, et réciproquement, en permanence. Au cours des recherches qu'il a effectuées sur les animaux et l'intuition, Rupert Sheldrake s'est rendu compte d'un phénomène amusant qui montre que, si nous n'entendons pas les animaux nous parler, eux, en revanche, nous comprennent parfaitement. En effet, de nombreuses personnes lui ont affirmé qu'à l'heure du rendez-vous chez le vétérinaire, leur chat disparaissait tout à coup. Les vétérinaires semblent être au courant de ce phénomène car Sheldrake en a même rencontré un qui refuse de prendre des rendez-vous à l'avance pour soigner les chats. Il dit simplement aux gens de venir dès qu'ils ont pu mettre la main sur leur animal.

Vous pensez peut-être que c'est vous qui avez décidé de changer l'eau du bol de votre chien, ou bien de vous lever pour lui ouvrir la porte afin qu'il puisse sortir dans le jardin ? En réalité, vous avez sans doute reçu inconsciemment un message de l'animal vous demandant de le faire. Quand deux personnes sont très proches l'une de l'autre, elles sont parfois capables de « lire » dans leurs pensées réciproques. C'est un exemple de communication intuitive entre humains. Dans la mesure où les animaux sont passés maîtres dans l'art de la communication intuitive, ils reçoivent à peu près toutes les pensées ou les sentiments que vous leur envoyez. Cela ne veut pas dire qu'ils vont réagir aussitôt à ces messages. Si vous avez un problème avec votre animal, vous ne pouvez pas vous servir de la communication intuitive pour le contrôler, mais vous pouvez l'utiliser pour négocier avec lui et travailler ainsi à améliorer votre relation.

# Envoyer un message

Les quatre façons principales d'envoyer intuitivement des informations sont les suivantes.

## Parler à voix haute

Vous dites ce que vous voulez faire comprendre à un animal, sur un ton normal, avec vos mots habituels. Il recevra le message. Croyez à ce que vous faites en ayant bien l'intention de vous faire comprendre par l'animal. Même si vous êtes sceptique, évitez de porter un jugement et tentez l'expérience, pour voir. Cette technique qui consiste à parler à haute voix fonctionne également à distance. Si vous êtes en voyage et si vous avez envie de communiquer avec les animaux que vous avez laissés chez vous, vous pouvez leur parler, ils vous entendront. En revanche, le personnel de votre hôtel risque de vous entendre aussi : vous préférerez peut-être choisir l'une des autres méthodes suivantes pour envoyer votre message !

## Penser le message

Il n'y a guère de différence entre communiquer par la parole ou par la pensée. Il vaut mieux penser un message ou une question si vous vous trouvez au milieu d'une foule de gens en train de s'essayer à la communication intuitive, car sinon, le bruit risque d'être assourdissant ! En fait, cette méthode peut vous servir chaque fois qu'il vous est difficile de faire du bruit, par exemple quand vous présentez un animal à un concours. Envoyer un message par la pensée est généralement plus rapide et plus facile que de le prononcer à haute voix, mais il faut vous concentrer davantage. Il est plus aisé de fermer les yeux pour éviter d'être distrait quand vous le faites. Envoyez le message en ayant la ferme intention qu'il parviendra à son destinataire et qu'il sera compris par lui.

## Envoyer une image

Dans cette méthode, vous fermez généralement les yeux et vous formez une image mentale représentant ce que vous voulez transmettre à l'animal. Là aussi, votre intention est de faire parvenir votre message à son destinataire. Vous pouvez vous servir de cette méthode pour toutes vos communications intuitives si vous le souhaitez. Je l'utilise pour montrer à un animal ce que je désire. Par exemple, je lui envoie des images – un peu comme une séquence de film – pour lui indiquer la façon dont je souhaite qu'il se comporte avec un autre animal. Vous pouvez aussi lui poser une question par ce biais. Vous pouvez lui envoyer l'image d'une plage et lui demander, en accompagnant l'image d'une pensée, s'il a envie d'aller dans l'eau. Vous regardez ensuite l'image, comme s'il s'agissait d'un film, pour voir comment l'animal réagit.

## Envoyer un sentiment

Dans cette technique, vous vous concentrez sur une émotion spécifique et vous l'envoyez mentalement à l'animal en ayant bien l'intention de faire parvenir le message à son destinataire. C'est une méthode que j'utilise quand je cherche à calmer ou à réconforter un animal. C'est aussi une belle façon d'envoyer de l'amour à vos animaux quand vous vous trouvez loin d'eux.

Comment fonctionnent ces techniques ? Imaginez tout simplement que chaque message que vous envoyez intuitivement, d'une manière ou d'une autre, passe dans un appareil de traduction invisible dont il émerge sous une forme intelligible pour le destinataire. Peu importe la méthode choisie pour communiquer intuitivement, l'animal recevra votre message sous la forme qui lui correspond le mieux. La communication intuitive est indépendante de la distance.

## Exercices pour envoyer intuitivement un message

Accomplissez ces exercices afin de vous rendre compte de ce que vous ressentez quand vous envoyez des informations à un animal. Faites deux fois chaque exercice. La première fois, pratiquez avec un animal qui est juste à côté de vous. La deuxième fois, faites-le avec un animal qui se trouve à un autre endroit, par exemple chez un ami ou un parent. Tout en expérimentant les quatre méthodes indiquées ci-dessus, n'oubliez pas de croire fermement que le message que vous envoyez sera reçu par son destinataire.

**1er exercice : Parlons ensemble**

Parlez à un animal à voix haute. Dites-lui ce que vous aimeriez qu'il fasse.

**2e exercice : Message mental**

Pensez aux qualités que vous admirez chez l'animal. Puis envoyez mentalement à l'animal la pensée que vous admirez ces qualités. Par exemple : « J'admire ton intelligence et ta beauté ». Les yeux clos, imaginez que votre pensée traverse l'air jusqu'à l'animal, qui la reçoit.

**3e exercice : Tu vois ce que je t'envoie ?**

Envoyez à l'animal l'image d'un objet qu'il aime bien, comme un jouet ou un os favori. Les yeux clos, imaginez cet objet. Puis voyez son image traverser l'air jusqu'à l'animal, comme vous l'avez fait dans l'exercice précédent. Imaginez ensuite que l'animal est en train de recevoir l'image que vous venez de lui envoyer.

**4e exercice : Cœur à cœur**

Envoyez de l'amour à votre animal. Pour cela, fermez les yeux et ressentez de l'amour dans votre cœur. Faites voyager ce sentiment de votre cœur au cœur de l'animal, et imaginez que ce dernier le reçoit.

À la différence du langage parlé,
la communication intuitive peut se faire
indépendamment de l'espace et du temps.

Ne soyez pas surpris par les résultats que vous obtiendrez en faisant ces exercices. Vos animaux vous entendent, ils reçoivent votre communication. Quand vous envoyez à votre chien l'image de son jouet favori, vous le verrez peut-être se précipiter pour aller le chercher. Quand vous envoyez de l'amour à votre chat, il peut sauter sur vos genoux et se blottir contre vous. C'est leur façon de répondre à vos messages.

En voici un exemple personnel :

*Un jour, j'ai fait ce genre d'exercice avec mon cheval. Il était très inhibé quand je l'ai récupéré, et il ne savait pas montrer son affection. « J'aimerais que tu me fasses un câlin, comme les autres chevaux le font à leurs partenaires humains », lui ai-je dit. Puis je l'ai visualisé en train d'approcher ses naseaux de ma joue, comme s'il allait m'embrasser. À ce moment-là, il a passé la tête au-dessus de la barrière et m'a fait le bisou le plus baveux que j'ai jamais reçu. Je ne lui ai jamais demandé de me faire un câlin depuis !*

## Recevoir un message

Les messages peuvent être reçus intuitivement, selon les cinq modes indiqués ci-dessous : entendre, ressentir, voir/savoir, sentir les odeurs ou goûter les saveurs. Aucun n'est meilleur que l'autre et ils ne s'excluent pas mutuellement.

À mes débuts, je recevais les informations essentiellement sous forme de mots ou d'images. La plupart des débutants reçoivent mieux les messages selon un mode – parfois deux – qui varie en fonction des personnes. Au départ, vous découvrirez peut-être que vous ne recevez des communications qu'en les ressentant, ce qui peut vous frustrer. À mesure que vous pratiquerez, vous augmenterez vos capacités intuitives et vous finirez sans doute par recevoir les messages selon les cinq modes. Vous prêterez davantage attention à ce que vous recevez qu'à la façon dont vous le recevez.

Vous trouverez ci-dessous des anecdotes qui illustrent bien chaque mode de fonctionnement.

## Entendre

Certaines personnes peuvent entendre des mots ou des phrases tout de suite. Pour d'autres, ce sera le mode de communication le plus difficile à percevoir. Entendre n'est pas évident car vous aurez souvent l'impression qu'il s'agit de votre propre voix. Vous aurez donc tendance à supposer que vous imaginez ces mots. Il vous faudra prouver, grâce à des exercices que vous pourrez vérifier ensuite, que le message provenait bien de l'animal et non de votre imagination.

*L'histoire que je préfère à ce sujet est celle qui est arrivée à Janet Shepherd, l'une de mes collègues. À l'époque où Janet commençait à apprendre la communication intuitive, l'une de ses amies lui a demandé de s'occuper de son cheval pendant qu'elle partait en voyage. Janet a donc rendu visite à son amie afin de rencontrer le cheval et de savoir prendre soin de lui. Elle se trouvait devant la pâture pendant que son amie lui donnait ses recommandations quand elle entendit très distinctement dans sa tête les mots suivants : « Les vaches sont… » Janet regarda aussitôt autour d'elle, et ne vit que son amie et le cheval. Puis elle entendit le mot « …horribles ».*
*Juste à ce moment-là, son amie lui dit : « Ah, j'oubliais… Surtout ne l'emmène pas en promenade derrière la colline, il y a un pré avec des vaches et mon cheval a horreur des vaches. »*

## Sentir

Ce mode est sans doute le plus facile pour les débutants. Lorsque vous recevez l'information, vous l'éprouvez comme une sorte de sensation ou d'émotion. Par exemple, si vous demandez à un chien que vous ne connaissez pas s'il aime les enfants, vous pouvez ressentir une sorte de sentiment négatif, ou bien une sensation de froid, ou vous éprouvez soudain de la colère. Cela signifie sans doute que le chien ne s'entend pas avec les enfants.

Vous pouvez aussi recevoir des informations sous forme de sensations physiques. Ainsi, vous demandez à une jument si elle a une raideur musculaire et à ce moment-là vous percevez une douleur dans le haut de la jambe. En vérifiant, vous découvrirez probablement que c'est là, en haut du membre postérieur, que la jument a mal. Quand j'apprends aux gens à demander aux animaux d'évaluer leur état physique, je les incite à comprendre comment ils peuvent évaluer les sensations de l'animal à distance sans en être gênés dans leur propre corps. Si vous avez de l'empathie et que vous avez tendance à « attraper » les symptômes des autres, vous pourrez apprendre quelques techniques pour nettoyer ce genre d'énergie. Ainsi, vous parviendrez à vous servir de votre intuition pour aider un animal malade ou blessé sans en être affecté vous-même. Ce sujet est décrit en détail dans le chapitre XII.

Star Dewar, l'une de mes étudiantes, m'a raconté une histoire qui montre bien comment elle s'est servie de son intuition pour retrouver un chien perdu, en travaillant essentiellement avec ce qu'elle ressentait.

*Notre chienne s'appelle Holler. Un jour, elle a fait une fugue dans les collines, derrière chez nous. Je suis allée à sa recherche. Une fois sur le chemin, je me suis « branchée » sur elle. D'après ce que je ressentais, elle n'avait pas envie de revenir tout de suite, car elle s'amusait follement à courir dans tous les sens. Je me suis tournée vers l'est et je lui ai demandé si elle se trouvait dans cette direction. J'ai eu une sensation négative. J'ai continué à m'orienter vers les autres directions jusqu'à ce que je perçoive un « Oui ». Je me suis alors mise à marcher tout en l'appelant. Deux minutes plus tard, j'ai entendu le cliquetis de sa médaille sur son collier et le crissement des feuilles mortes sous ses pattes. Je lui ai demandé mentalement de me rejoindre et j'ai senti aussitôt qu'elle ralentissait sa course pour venir vers moi. Il m'a fallu me montrer convaincante pour la récupérer, mais ça a marché. Si je n'avais pas appris à communiquer intuitivement, j'aurais pu la chercher pendant des heures et, pendant ce temps, Dieu sait ce qui aurait pu lui arriver !*

## Voir et savoir

Voir et savoir sont deux aspects du même mode de fonctionnement impliquant la clairvoyance. Quand vous recevez des informations sur le mode « voir », il vous sera sans doute plus facile de travailler les yeux clos. Les images que vous recevez intuitivement peuvent ressembler à des photographies, ou bien aux scènes d'un film. Généralement, de très nombreuses informations vous sont transmises en quelques images simples.

*Une femme m'a appelée un jour pour que je l'aide à découvrir pourquoi son cheval n'obtenait aucun succès en compétition. Quand je suis entrée en contact avec l'animal, il m'a semblé que tout allait bien ; il était heureux et ne souffrait de rien. Au cours de la communication, je recevais sans cesse l'image d'un chat gris. Quand la femme m'a rappelée, je lui ai indiqué que son cheval me semblait tout à fait normal, puis je lui ai demandé pourquoi je voyais l'image d'un chat gris. Elle m'a répondu aussitôt : « Ah, oui… Mon cheval et mon chat sont inséparables. Ils mangent et dorment ensemble. Ils s'adorent. Maintenant que j'y pense, ils ne sont séparés qu'au moment des compétitions. » Bingo !*

Quand vous recevez les informations sur le mode du savoir, c'est simple : vous savez. Vous ignorez pourquoi et comment vous avez ces informations, elles sont simplement là, dans votre tête. Parfois, c'est un peu déconcertant.

Cela m'arrive très souvent de fonctionner ainsi.

*Dernièrement, un client m'a appelée pour savoir pourquoi il ne parvenait pas à dresser son cheval. Quand je suis entrée en contact avec ce dernier, j'ai su d'un coup quelle était la situation. J'ai écrit aussitôt tout ce que je savais, comme si je connaissais parfaitement le cheval. Je pouvais décrire ses sentiments et son comportement. Finalement, le problème était créé par l'instructeur, qui n'aimait pas cet animal. Il essayait de convaincre mon client de s'en débarrasser, en affirmant qu'on ne pouvait pas le dresser. Évidemment, je n'avais aucune preuve de ce que j'avançais. Pourtant, mon client m'a confirmé tout ce que j'avais découvert. L'instructeur avait en effet une attitude très négative envers le cheval. Mon client s'efforçait d'ignorer les commentaires, mais l'animal, lui, ne pouvait ignorer la situation et son comportement s'en ressentait. Mon client a fini par trouver un nouvel instructeur, qui apprécia son cheval, et les leçons de dressage donnèrent de bons résultats.*

Cette histoire illustre le fait que les animaux entendent et réagissent aux pensées et aux paroles qui leur sont envoyées.

## Sentir et goûter

À l'évidence, ces deux modes de perception sont distincts. Je les combine en une même catégorie parce que les rares personnes qui reçoivent essentiellement les informations par le biais de l'odorat peuvent aussi percevoir des impressions de goût, et réciproquement. Il m'arrive souvent de ressentir des odeurs et des goûts quand je travaille avec un animal qui s'est perdu, car je lui pose des questions du genre : « Y a-t-il une odeur particulière autour de toi ? As-tu mangé quelque chose ? Quel goût cela avait-il ? »

*Ainsi, j'ai demandé à un chat qui s'était échappé de l'appartement où il vivait à New York de me dire l'odeur qu'il sentait dans l'endroit où il s'était réfugié. La réponse que j'ai eue était « Ça sent le poisson et le poulet ». On l'a retrouvé dans le sous-sol d'un restaurant chinois, juste à côté de chez lui.*

Je demande souvent aux étudiants qui suivent mes cours de trouver l'aliment favori d'un animal. De nombreux étudiants ressentent alors un goût ou une odeur spécifique. L'un d'eux a posé la question à un cheval qu'il ne connaissait pas, et il a eu un goût de poire dans la bouche. Après vérification, il a découvert que ce cheval adorait les poires.

## Mode de réception préféré

À mesure que vous pratiquerez les exercices décrits dans ce livre, vous découvrirez probablement que vous fonctionnez selon un mode particulier. Le mien, par exemple, est l'audition. Lorsque je travaille sur un cas et que je n'avance plus, je demande à l'animal de m'indiquer, par des mots, ce qui ne va pas. Parfois, j'entends intuitivement l'animal me dire une parole ou une phrase trois fois de suite. Quand je reçois ce genre d'information, je sais qu'elle est pratiquement toujours exacte.

Quel que soit votre mode de fonctionnement préféré, soyez bien conscient que vous pouvez recevoir des informations intuitivement sous la forme de votre choix. Je vais vous expliquer la façon de procéder dans les chapitres qui suivent.

# IV

# Exactitude et vérification

L'EXACTITUDE EST UN SUJET DE PRÉOCCUPATION majeur dans la communication intuitive. Pour vérifier que l'information que vous avez reçue est juste, vous pouvez demander au partenaire humain de l'animal de vous la confirmer. Vous pouvez aussi observer un changement significatif dans le comportement de l'animal après avoir communiqué avec lui. Mais s'il vous est impossible de vérifier les informations reçues, votre seule option est d'accepter le message que l'animal vous transmet, même s'il semble illogique.

Pour illustrer ce cas, voici l'histoire de Red, un cheval âgé de dix-sept ans, appartenant à Susan Whalton.

*Susan m'appela un jour pour me dire que Red supportait de moins en moins qu'elle lui mette un licol. Il n'aimait pas qu'on lui touche la tête et, de plus, quand il avait une selle sur le dos, il se secouait et il bondissait de telle façon qu'il devenait dangereux de le monter. Quand on l'avait attaché, il avait « tiré au*

*renard » pour tenter de se libérer et il s'était blessé. On conseillait à Susan de l'attacher plusieurs jours de suite à un poteau, pour l'obliger à accepter qu'on lui touche la tête, de lui mettre aussi un filet et un mors contraignants, afin de le forcer à baisser l'encolure. Elle refusait d'utiliser ce genre de méthodes.*
*Ayant lu un article sur mon travail dans une revue équestre, elle décida d'avoir recours à mes services – c'était sa dernière chance. Red avait été examiné par deux vétérinaires, qui n'avaient décelé aucun problème physique. J'avais donc pour tâche de découvrir quels étaient les problèmes émotionnels qui poussaient Red à avoir un tel comportement. Pourtant, quand je me mis à communiquer intuitivement avec lui, il m'indiqua clairement que son problème était physique, et non émotionnel. Il me dit qu'il ressentait une forte douleur à la tête et à l'encolure, et qu'il avait un souci avec ses dents – sans doute une infection. Il souhaitait que je dise à Susan qu'il regrettait de se conduire ainsi, mais sa bouche et son encolure le faisaient souffrir et il ne pouvait supporter qu'on lui mette un mors. Cette douleur intolérable l'empêchait de se promener avec sa cavalière. Tout le monde pensait que Red avait un problème émotionnel, pourtant, je devais respecter les informations qu'il m'avait fournies et les transmettre à Susan. Bien sûr, j'ignorais si le message était exact ou non. Je suggérais à Susan d'appeler un ostéopathe équin afin d'examiner l'animal. L'ostéopathe découvrit que Red avait la tête et l'encolure très raides – en fait, il était complètement coincé. De plus, il avait des ganglions lymphatiques très enflés. Tout cela devait le faire souffrir énormément.*
*Après avoir rendu un peu de mobilité à Red, l'ostéopathe déclara qu'il devait sans doute avoir un problème de dents. Le dentiste équin découvrit que Red avait trois molaires en fort mauvais état et très infectées.*
*Une fois soigné, Red put accepter de nouveau le mors et le filet sans problème.*

# Comment vérifier les informations reçues ?

L'intuition peut s'avérer tout à fait exacte, mais elle n'est pas infaillible. C'est une aptitude qu'il faut travailler. Au début, votre degré d'exactitude risque de fluctuer pas mal. Après des années de pratique, je peux encore me tromper et je préviens toujours les gens de cette éventualité. Ce sont mes clients qui estimeront en définitive si les informations que je leur transmets sont vraies ou non.

Quand on travaille avec les animaux ou avec les humains en se basant sur l'intuition, on ne peut avoir des réponses justes à cent pour cent. En général, le taux est de 80 à 90 pour cent. En revanche, j'ai plus de difficulté à travailler avec les animaux errants – sans doute parce qu'ils sont souvent bouleversés, et que leur situation change constamment.

Je sais qu'il n'est pas évident de croire que la communication intuitive puisse donner des résultats exacts. Lorsque l'on s'engage dans ce domaine, on doit faire face à beaucoup de scepticisme. Vous ne croirez à ce que vous faites que lorsque vous obtiendrez des preuves indéniables corroborant vos informations. Pour cela, il vous faudra pratiquer, encore et encore.

# Les preuves

La majorité des preuves démontrant la justesse de la communication intuitive est d'origine anecdotique. En effet, ce travail ne se fait pas en laboratoire et les expériences ne peuvent être contrôlées et vérifiées chaque fois qu'elles se produisent, aussi la communauté scientifique a-t-elle tendance à le rejeter. Pourtant, comme nous l'avons mentionné, un scientifique aussi réputé que Rupert Sheldrake a écrit un ouvrage sur les chiens qui peuvent prévoir le retour de leur maître, en se fondant sur une étude statistique. Cet ouvrage n'a pas été reçu par la communauté scientifique avec l'intérêt qu'il méritait.

Voici un exemple de ce que j'appelle la preuve anecdotique.

*Renée Gallegos, qui participe à mes cours de perfectionnement, a demandé à ma chatte Hazel de lui raconter comment elle vivait avant de venir habiter chez moi.*

*Après être entrée en contact avec Hazel, Renée m'a donné les informations suivantes. « Je vois un endroit au bord de l'eau, assez moche. Il y a un café. J'ai l'impression que Hazel est toute seule, comme si on l'avait abandonnée là. Elle doit se débrouiller pour trouver de quoi manger. Il y a des bateaux. Dès qu'elle t'aperçoit, elle se dirige tout droit vers toi. Elle a la queue en l'air et elle sait d'avance qu'elle va vivre chez toi. Tiens, c'est curieux, je vois des gros barils, tout gris… Je ne comprends pas pourquoi ils sont là. »*

*Renée ouvrit les yeux à ce moment-là et me demanda ce que je savais du passé de Hazel, pour vérifier ce qu'elle venait de recevoir. Je lui ai dit qu'effectivement, j'avais rencontré cette chatte pendant que j'étais en mission dans le port de Oakland, en Californie. Je travaillais sur la jetée, et je devais notamment m'occuper de nettoyer de très gros barils, dont un certain nombre étaient gris. On pensait qu'ils avaient pu contenir des substances toxiques. Ce jour-là, quand je suis arrivée sur la jetée, j'ai vu Hazel débouler entre deux tonneaux et marcher droit vers moi, la queue en l'air, en miaulant très fort. J'ai pensé aussitôt : « Ce chat, je vais l'adopter ! ». Effectivement, elle avait été abandonnée, elle se nourrissait comme elle le pouvait, et il y avait un café près de la jetée.*

Malgré tout, les sceptiques refuseraient d'accepter l'évidence et prétendraient sans doute que Renée m'avait « sondée » à l'avance avec subtilité pour obtenir des informations à propos de Hazel. Toutefois, le fait est que Renée ne m'a pas posé la moindre question. Elle a simplement communiqué mentalement avec Hazel et m'a raconté ensuite les informations reçues de façon intuitive.

## Quand les faits parlent d'eux-mêmes

J'estime que les preuves anecdotiques sont suffisantes pour étayer la validité de la communication intuitive.

Lisez donc l'histoire suivante :

*J'ai demandé un jour à mes étudiants de contacter Dylan, mon cheval. Ils ne l'avaient encore jamais vu et n'étaient donc jamais entrés dans son écurie. Je leur ai suggéré de lui poser certaines questions précises, notamment celle-ci : « Est-ce que tu aimes les chats ? » À une exception près, ces étudiants ignoraient tout du comportement des chevaux. Ils étaient donc incapables de deviner quelle pouvait être leur attitude vis-à-vis d'autres animaux. L'amusant, c'est qu'ils obtinrent tous la même réponse... Et qu'ils hésitèrent tous à la donner car chacun la trouvait absurde en son for intérieur.*

En effet, Dylan leur avait indiqué qu'il craignait toujours, quand il y avait un chat à proximité, de le piétiner. Il leur avait aussi fait comprendre qu'il détestait qu'un chat lui saute sur le dos. Or, j'étais la seule, avec Dylan, à savoir que l'un des chats vivant dans l'écurie adorait les chevaux et qu'il se frottait constamment contre leurs pieds et allait même jusqu'à leur sauter sur le dos si l'occasion se présentait. En fait, ce chat avait sauté sur le dos de Dylan deux jours auparavant. Les gens qui connaissent à la fois les chats et les chevaux admettraient que ce genre de chose puisse arriver, tout en sachant que ce n'est pas du tout courant. En tout cas, aucun de mes étudiants n'aurait pu inventer ce genre de réponse.

*L'une de mes clientes voulait un cours particulier. Je l'ai fait travailler avec Dylan, mais en l'emmenant cette fois à l'écurie pour le voir. J'ai dit à ma cliente que la personne qui avait dressé Dylan avant qu'il vienne vivre chez moi s'appelait Tina. Je lui ai demandé de communiquer avec Dylan pour connaître ses sentiments à l'égard de Tina. Ma cliente a fermé les yeux, a contacté Dylan, puis elle a soulevé les paupières et m'a regardée : « Il me dit qu'il y a deux Tina et qu'elles dressent toutes les deux des chevaux. L'une est grande et l'autre est petite. Je ne comprends pas… » Elle avait parfaitement raison. J'avais oublié que des années auparavant, Dylan avait été entraîné par une autre personne, qui s'appelait également Tina, et qui était plus petite que celle à laquelle je pensais.*

## Parfois, la preuve est apportée par un changement de comportement

*Un jour, Beth Haylock m'a appelée à propos de Sara, sa chienne, qui devenait extrêmement agressive envers les étrangers, et même envers les amis et les parents qui venaient lui rendre visite. Lorsque j'ai contacté Sara, cette dernière m'a appris qu'elle avait été maltraitée par ses partenaires humains précédents, et que la seule personne en qui elle avait confiance, désormais, c'était Beth.*
*J'ai expliqué à Sara qu'elle pouvait voir dans le cœur des gens et décider ensuite si elle pouvait leur faire confiance ou non. Et je lui ai dit que désormais, Beth la préviendrait chaque fois*

*qu'elle inviterait quelqu'un chez elle. Il suffirait à Sara de regarder Beth droit dans les yeux et cette dernière lui confirmerait aussitôt si la personne était digne de confiance ou non. À la suite de cette séance entre Sara et moi, le comportement de la chienne a beaucoup changé. Elle n'est plus agressive envers les invités. Elle plonge simplement son regard dans celui de Beth jusqu'à ce qu'elle reçoive l'information concernant le degré de confiance qu'elle peut accorder au visiteur.*

## Ce qui peut causer des erreurs

Le principal obstacle, lorsque vous communiquez intuitivement, c'est votre cerveau – votre cortex cérébral, plus exactement. En effet, le cortex fonctionne un peu comme l'agent de police qui contrôle la circulation : il cherche à vous mettre dans ce qu'il juge être la bonne direction, et à vous éviter de vous égarer dans des chemins de traverse. S'il voit que vous empruntez une voie aussi originale – pour ne pas dire aussi bizarre – que la communication avec les animaux, il risque de prendre peur et de s'efforcer de vous ramener dans le monde de la logique et de l'ordre.

Vous devrez faire face à un dilemme, car pour activer votre intuition, il vous faudra cesser de voir les choses selon un ordre logique et en fonction des expériences que vous avez faites dans le passé. En règle générale, quand les étudiants commencent à poser leurs premières questions aux animaux, ils ont tendance à écarter les réponses illogiques ou à les interpréter pour qu'elles semblent plus plausibles. Toutefois, la communication intuitive exige que vous vous laissiez totalement guider par le courant de votre conscience. Votre cerveau n'a qu'un faible rôle à jouer : celui de reconnaître les informations quand elles vous arrivent et de s'assurer qu'elles sont bien enregistrées.

Dylan avait indiqué aux étudiants qu'il détestait qu'un chat lui saute sur le dos. L'information était donc passée et les étudiants l'avaient reçue, mais au lieu de l'enregistrer aussitôt, ils ont tenté de l'écarter en décidant qu'elle devait être fausse. Dans leur cortex cérébral, l'agent de police leur a soufflé : « C'est ridicule. Inutile de raconter cela à haute voix, sinon on risque de se moquer de toi ! »

Il s'agit d'une réaction naturelle. Nous avons passé tant d'heures à nous efforcer de nous adapter à la société, à adopter un comportement « normal » et le plus logique possible dans un maximum de situations ! Mais la communication intuitive nous demande de bouleverser toutes ces habitudes. Il n'est pas facile d'oublier d'un coup nos années de conditionnement. Il m'arrive encore de faire des erreurs quand, inconsciemment, je sors de l'intuition pour revenir à l'analyse logique.

Par ailleurs, si le partenaire humain de l'animal vous a fourni trop de renseignements, il vous sera plus difficile d'avoir l'esprit vide et d'accueillir le message intuitif sans *a priori.* C'est pour cela que je demande à mes clients de m'en dire le moins possible sur leurs animaux.

Enfin, il est important d'être en bonne forme physique pour communiquer intuitivement. Si vous êtes fatigué au moment où vous fermez les yeux pour entrer en contact avec un animal, vous risquez de vous assoupir assez vite. En cas de fatigue, votre corps saisira la moindre occasion pour récupérer le sommeil qui lui manque. De plus, une maladie grave, ou l'excès d'alcool, de médicaments, de sucre et d'aliments raffinés, peut gêner votre concentration quand vous tentez de communiquer intuitivement.

Contrairement à ce que l'on peut croire, à mesure que nous travaillons et que nous nous servons de notre intuition, nous nous ancrons davantage dans le monde physique et nous sommes plus en contact avec notre corps, sans du tout avoir l'impression d'être dans le flou ou sur un nuage. Les animaux sont des maîtres en matière de communication intuitive : voyez comme ils sont bien « ancrés » ! Par ailleurs, si vous ne vous sentez pas bien physiquement, c'est sans doute le message que votre corps vous enverra dès que vous vous servirez de votre intuition, jusqu'à ce que vous preniez les mesures nécessaires pour remédier à votre problème de santé.

Vous pouvez parfois vous tromper sans raison évidente. Que vous trouviez ou non la cause de l'erreur, essayez de l'accepter avec calme. Si vous voulez obtenir des résultats trop vite, ou si vous commencez à vous faire des reproches, vous risquez de vous décourager et de ne plus avoir envie de poursuivre votre apprentissage. Si vous recevez une information qui semble absurde, ou fausse, je vous conseille de ne pas vous juger. Ne sautez pas sur l'occasion pour vous mettre en situation d'échec et pour penser que vous êtes stupide, ou incapable. Dites-vous plutôt : « Tiens… Je me demande pourquoi j'ai reçu cette information. » Parfois, les gens peuvent avoir des trous de mémoire : ils vous affirment que vous avez fait fausse route alors qu'en fait, il n'en est rien. Souvent, des clients me rappellent pour me dire que finalement, les informations que je leur avais données étaient correctes.

> La communication intuitive exige que vous vous laissiez totalement guider par le courant de votre conscience.

Voici un exemple :

*Une jeune femme venait de participer à son premier cours de communication intuitive. Elle avait travaillé avec un chien qui lui avait indiqué qu'il aimait beaucoup se reposer sur son matelas rouge. Mais quand elle a vérifié cette information auprès du partenaire humain de ce chien, il lui a affirmé qu'elle s'était trompée. La jeune femme est rentrée chez elle, un peu découragée. Le lendemain, elle est revenue au cours et a aperçu avec surprise le chien avec lequel elle avait travaillé la veille, accompagné de son partenaire humain qui tenait à la main un matelas rouge. Il avait oublié que son chien faisait la sieste de temps à autre sous le porche et, qu'à cette occasion, il dormait sur un matelas rouge, et non dans son panier habituel.*

## Quand il est impossible de vérifier

Parfois, il faut accepter de ne pas avoir de preuves. Cela arrive notamment quand vous communiquez avec les animaux sauvages, les plantes, les arbres, les montagnes… Dans ces cas-là il est assez difficile de vérifier les informations que vous recevez. (Les exercices concernant la communication avec la faune et la flore sauvages se trouvent à la fin du livre.)

Voilà pourquoi nous allons commencer par travailler avec les animaux domestiques, car nous pouvons vérifier plus aisément les renseignements que nous recueillons.

DEUXIÈME PARTIE

# Commençons à pratiquer

# V
# Une nouvelle façon de communiquer

*« La vie n'est pas une lutte, mais une célébration. »*
Auteur inconnu

LA COMMUNICATION INTUITIVE avec les animaux se décompose en deux parties : parler et écouter. Je vais commencer par vous apprendre à parler intuitivement aux animaux. C'est de loin la partie la plus facile. Toutefois, vous devrez sans doute changer la façon dont vous avez l'habitude de communiquer avec votre animal. Dans l'approche que je vous suggère de suivre, vous supposez que les animaux ont une intelligence et des émotions aussi complexes que les nôtres. Voilà qui peut sembler déroutant, même pour ceux qui aiment les bêtes.

Je parlais déjà aux animaux avant de commencer à étudier ce domaine, mais je ne m'étais pas rendu compte qu'ils pouvaient parfaitement me comprendre. Nous avons tous été conditionnés à penser que les capacités des animaux sont bien plus limitées que celles des humains. Aujourd'hui, après les expériences que j'ai faites en me servant de la communication intuitive, non seulement je crois que les animaux nous comprennent lorsque nous leur parlons, mais en plus, je suis sûre qu'ils perçoivent nos sentiments et nos pensées à leur égard.

## Parlez-leur comme s'ils vous comprenaient

Voici l'expérience que je vous suggère de faire avec votre animal, ou celui d'un ami ou d'un voisin. Pendant deux semaines, croyez fermement que cet animal comprend absolument tout ce que vous lui dites à haute voix, et tout ce que vous pensez ou tout ce que vous ressentez envers lui. Je sais bien que cela peut exiger de vous un vrai changement d'attitude, mais essayez de le faire à titre d'expérience. Si vous estimez ensuite que ce que je vous propose ne marche pas, ou si cela ne vous plaît pas, vous pourrez toujours revenir à votre fonctionnement habituel. À mon avis, si vous menez l'expérience jusqu'au bout, vous découvrirez que votre partenaire animal commence à avoir avec vous une relation tout à fait différente : vous avez des chances de trouver cette transformation fascinante.

Quel que soit le mode de communication choisi, votre animal le percevra.

Voici par exemple l'histoire de Deb Steinberg et de Star, sa jument.

*Je possède six chevaux, dont Star, une vieille jument boiteuse qui refuse absolument de monter dans un van de transport. Récemment, nous avons acheté une maison avec du terrain et il nous fallait donc déménager nos chevaux. Comme j'avais lu sur votre site Internet que l'on pouvait parler aux animaux, j'ai décidé d'essayer votre approche avec Star. Je lui ai annoncé que nous allions déménager deux semaines plus tard, et qu'il n'était pas question de la laisser seule derrière nous, car nous allions transporter aussi ses compagnons. Elle devrait donc accepter de monter dans le van le moment venu. Je lui ai dit également que notre nouvelle propriété était bien trop loin pour pouvoir y aller à pied, et que les gens qui avaient acheté notre maison ne voulaient pas s'occuper de chevaux. J'ajoutais que je savais à quel point elle avait peur de monter dans un van, mais que j'espérais vraiment qu'elle viendrait vivre avec nous dans notre nouvelle ferme. Après cela, je lui ai parlé tous les deux ou trois jours, pour lui rappeler que la date du départ approchait et que je souhaitais qu'elle se montre courageuse et qu'elle accepte de venir avec nous. Chaque fois, elle avait l'air de m'écouter attentivement. Le jour prévu pour le transport des chevaux arriva enfin. J'avais décidé de commencer par Star et son compagnon de pré. Je fis monter ce dernier dans le van, puis j'allais chercher Star. Pendant que je lui passai un licol, je lui rappelai nos conversations en lui indiquant que c'était aujourd'hui qu'elle devait se rendre dans notre nouvelle ferme. Eh bien, cette vieille jument m'a littéralement traînée vers le van, puis elle a sauté dedans! Lorsque nous l'avons débarquée dans son nouveau pré, elle semblait être ravie d'être la première à en faire le tour. Chaque fois que l'on débarquait deux autres chevaux, elle se mettait devant la barrière et hennissait pour les accueillir, comme si elle était très fière d'avoir visité les lieux avant les autres.*

Gina Richards, elle, a essayé cette méthode un jour d'été particulièrement chaud. En entrant dans sa salle de bains, elle a découvert Missy, sa chatte, allongée dans le bac à douche. Gina décida de lui parler : « Je sais qu'il fait très chaud, Missy, et je crois que ce serait plus agréable pour toi de t'allonger à l'intérieur du grand placard, car il doit y faire plus frais. Si tu allais voir ? »

Stupéfaite, Gina vit Missy se lever, sortir de la douche, traverser la pièce en se dirigeant vers le placard, passer la tête dans l'entrebâillement de la porte, humer longuement l'air, puis se retourner vers la jeune femme comme si elle lui répondait : « Non, je ne crois pas qu'il fasse plus frais ici, maman. » La chatte fit alors demi-tour et revint vers le bac à douche, dans lequel elle sauta allégrement.

Quant à Petra Gouts, elle a expérimenté la technique avec Tom, son énorme chat roux. Tom se montrait agacé par les autres chats de la maison et avait adopté un comportement plutôt désagréable. Petra décida de se montrer ferme. Elle lui expliqua que s'il ne changeait pas d'attitude, elle adopterait trois chats supplémentaires. Elle avait à peine terminé sa phrase que Tom se mit à miauler et à gémir bruyamment. Il ne s'arrêta que lorsque Petra lui affirma que ses menaces n'étaient qu'une plaisanterie.

Ce genre de communication avec un animal, qui implique que vous lui parliez d'égal à égal, peut s'avérer très efficace en cas de troubles comportementaux. Ouvrez votre cœur, dites à l'animal tout ce que vous ressentez à propos de son comportement. Vous pouvez parler à voix haute, ou bien fermer les yeux et penser ou sentir le message que vous souhaitez faire passer. Quel que soit le mode de communication choisi, votre animal le percevra. Expliquez-lui pourquoi vous voulez que la situation change et indiquez-lui ce que vous souhaiteriez à la place. Maintenez un sentiment d'égalité avec votre animal, essayez de négocier plutôt que de lui donner un ultimatum. Appâtez-le, offrez-lui une récompense qui l'incitera à modifier son attitude et à se comporter comme vous le souhaitez. Lorsque vous aurez lu les chapitres suivants, qui vous apprennent à entendre ce que votre animal vous dit, vous pourrez avoir une vraie conversation. Pour l'instant, vous ne pouvez que lui parler.

Une fois que vous avez bien exposé la situation, terminez en lui disant : « Voici ce que je souhaite, maintenant. » Puis, fermez les yeux et imaginez des scènes, comme si vous étiez au cinéma, pour montrer le résultat que vous voulez obtenir. Si vous n'aimez pas beaucoup visualiser, vous pouvez simplement imaginer ce que vous ressentiriez si la situation se modifiait comme vous l'espérez. Vous transmettrez ainsi à l'animal un aperçu de la scène idéale, ce qui lui servira en quelque sorte de « modèle » pour changer son comportement.

Bien entendu, cette façon de communiquer ne va pas transformer un animal mal éduqué en un angelot docile d'un coup de baguette magique. Mais vous pouvez, en lui parlant ainsi, changer pas mal de choses.

*Grâce à cet exercice, Myrna Krohn obtint des résultats inespérés avec Bear, son cheval. Bear avait beau travailler régulièrement en dressage, il arrivait bon dernier à chaque concours, car sa nervosité lui faisait perdre tous ses moyens. Quand je suis entrée en contact avec lui, Bear m'a dit qu'il jugeait les séances de dressage terriblement ennuyeuses. De plus, il était évident que lui et Myrna étaient tous les deux très anxieux avant les concours. Je suggérai donc à Myrna de parler à Bear pendant l'entraînement et de lui dire que s'il réussissait à faire parfaitement l'un des exercices, au lieu de l'obliger à le refaire encore et encore, elle partirait se promener avec lui pour voir les ânes, qu'il adorait, ou bien ils iraient faire une petite balade en forêt. Myrna suivit mon conseil et le comportement de Bear changea du tout au tout pendant les séances d'entraînement.*

*Pour résoudre le problème des concours, je suggérai à Myrna d'avaler quelques gouttes de* Rescue Remedy *(un remède des « Fleurs de Bach ») et d'en donner à Bear, afin qu'ils soient tous les deux plus calmes. Je lui demandai aussi de respirer profondément pendant qu'elle était à cheval sur la piste et de dire à Bear qu'elle espérait simplement qu'il ferait de son mieux.*

*Elle suivit ces conseils pendant le concours suivant. Tout en sellant son cheval, elle ne cessa de répéter à Bear : « Inutile de t'énerver, tu sais, c'est juste un petit concours de rien du tout. Et avant, on fait une séance d'échauffement. » Elle me dit ensuite qu'en sortant Bear de l'écurie après l'avoir sellé, elle avait remarqué qu'il marchait plus souplement, la tête bien en avant et les oreilles détendues. Pendant toute la séance d'échauffement, elle ne cessa de rassurer mentalement son cheval, en lui affirmant qu'elle souhaitait simplement qu'il fasse de son mieux. Bear ne montra aucune nervosité ; ses mauvaises habitudes semblaient avoir disparu comme par magie. À la fin de la journée, Myrna et Bear devançaient largement les autres concurrents et, lorsqu'ils sortirent de la carrière de concours, le public les applaudit car chacun savait à quel point Bear avait pu se montrer difficile auparavant.*

*Désormais, Myrna s'efforce de comprendre les messages que Bear lui fait passer.*

*« J'essaie de faire de lui un vrai partenaire, et non un esclave. Je peux enfin éveiller en lui le cheval qu'il a toujours été, mais qu'il ne voulait jamais montrer », dit-elle.*

## Est-ce qu'ils vous écoutent ?

Lorsque je communique intuitivement, je le fais presque toujours les yeux clos. De plus, mon « client » animal se trouve rarement près de moi. Par conséquent, je ne me rends pas compte de la façon dont il réagit physiquement durant notre communication.

À vrai dire, je ne cherche pas à attirer l'attention de l'animal pendant mes consultations. Il n'a pas besoin de se trouver tout près du téléphone quand ses partenaires humains m'expliquent le problème, ni de s'asseoir poliment quand nous communiquons. La communication intuitive peut même avoir lieu pendant que l'animal est endormi.

Je peux toutefois faire certaines remarques sur la façon dont les animaux réagissent quand vous communiquez intuitivement avec eux. Dans mes stages, la plupart des animaux présents sont des chiens. Il m'arrive d'avoir une salle emplie de chiens qui grognent, qui aboient, qui hurlent ou qui gémissent tous à la fois. Mais dès que leurs partenaires humains ferment les yeux, la salle devient silencieuse. Quand la communication intuitive passe, l'animal se couche, très calme et ferme souvent les yeux, lui aussi.

J'ai également eu ma salle pleine de chats qui couraient dans tous les sens avant que le travail ne commence. Dès que je ferme les yeux pour communiquer avec eux, ils se mettent en rang et me fixent sans bouger. Les chevaux, eux, s'approchent de moi, baissent la tête et ferment les yeux quand nous communiquons intuitivement.

*Un jour, je me trouvais dans un pré pour discuter avec une jument. J'étais assise sur une chaise pliante et j'ouvrais les yeux de temps à autre pour prendre des notes. À un moment donné, elle m'a dit quelque chose en insistant sur le fait que c'était pour elle « la chose la plus importante du monde. » Je sentis tout à coup son souffle sur mon épaule. J'ouvris les yeux et je plongeai aussitôt dans les siens. Elle me regardait attentivement, comme pour me dire : « Tu as bien compris ? C'est vraiment la chose la plus importante ! »*

## Communiquer à distance

La communication intuitive peut se faire aussi facilement à distance que face à face. Je travaille avec des gens dans le monde entier, qui me consultent à propos d'animaux que je n'ai jamais rencontrés. La plupart du temps, je travaille au téléphone, et je n'ai qu'une description de l'animal, sans même sa photographie. Avec les clients étrangers, je travaille surtout par courrier électronique. Que je travaille directement avec l'animal, ou bien au téléphone ou par courriel, j'obtiens le même pourcentage de résultats exacts.

Il est utile de savoir travailler à distance, car cela vous permet de garder le contact avec vos animaux quand vous vous trouvez loin d'eux. Cela facilite aussi les séparations, qui rendent souvent les chiens anxieux.

À mon avis, les animaux comprennent aussi bien que nous le concept du temps. Vous pouvez donc leur dire que vous allez vous absenter une demi-journée et leur donner l'heure approximative de votre retour. Une fois loin d'eux, contactez les mentalement et émotionnellement aussi souvent que vous le désirez, en leur envoyant tout votre amour et en leur racontant ce que vous êtes en train de faire.

Je conseille à mes clients de combiner un régime alimentaire à base d'aliments naturels et des produits de soin holistiques. Les animaux qui en bénéficient sont souvent plus gais, plus sains et plus calmes que les autres. Les massages, les huiles essentielles, les plantes, permettent d'apaiser un animal en proie à l'anxiété. Quand vous devez vous absenter, prévenez l'animal, dites-lui pourquoi vous devez partir et pourquoi vous ne pouvez pas l'emmener avec vous. Donnez-lui la date de votre départ et celle de votre retour, indiquez-lui qui va s'occuper de lui pendant votre absence. Promettez-lui de communiquer avec lui à distance, et tenez votre promesse !

## Communiquer avec des animaux décédés

Mes expériences me prouvent que l'on peut communiquer intuitivement avec l'esprit d'un animal après sa mort, quel que soit le délai écoulé, et je le fais souvent pour des clients. Non seulement il entendra tout ce que vous lui direz, mais avec de la pratique, vous pourrez avoir un vrai dialogue avec lui. (voir aussi page 175)

Si vous pensez que c'est impossible, je vous suggère d'ignorer le 4e exercice.

## Exercez-vous à leur parler comme s'ils vous comprenaient

Voici cinq exercices qui vous permettront de mettre en pratique tout ce que j'ai décrit dans ce chapitre. Faites-les à votre rythme. N'oubliez pas de noter vos résultats dans votre carnet.

### 1er exercice : Parler d'égal à égal

Pendant deux semaines, essayez de parler à vos animaux comme s'ils pouvaient entendre et comprendre tout ce que vous leur dites à voix haute et tout ce que vous pensez ou ce que vous ressentez à leur égard. Ayez la ferme conviction qu'ils sont évolués et intelligents et traitez-les comme vos égaux, même s'ils sont très différents de vous.

En faisant cet exercice, notez les changements que vous remarquez dans leur comportement et qui semblent résulter de cette expérience.

### 2e exercice : Résoudre les problèmes

Si votre animal vous pose un problème de comportement particulier, essayez de l'aborder dans une attitude de négociation. Prenez le temps de faire le calme en vous, envoyez-lui de l'amour, même si vous êtes en colère, de façon à approcher la situation comme si elle était nouvelle. Expliquez à votre animal exactement ce que vous ressentez, comme si vous parliez à un autre être

humain. Dites-lui ce qui vous gêne et pourquoi vous ne pouvez pas supporter la situation. Exposez-lui ce que vous avez l'intention de faire si la situation ne change pas. Indiquez-lui le comportement que vous voudriez qu'il adopte. Encouragez-le, offrez-lui une récompense éventuelle. Puis fermez les yeux et imaginez, en ressentant et en visualisant les scènes, comment la situation pourrait changer. Dites à l'animal : « Voilà, c'est cela mon rêve. C'est comme cela que les choses pourraient se passer, désormais. » Terminez en lui envoyant de l'amour.
Faites cela au moins une fois par semaine. Si vous remarquez un progrès dans le comportement de l'animal, même léger, faites-en toute une histoire : félicitez-le, caressez-le, donnez-lui une friandise... et poursuivez l'expérience.
N'oubliez pas de noter les résultats dans votre carnet de bord.

### 3$^{e}$ exercice : Communiquer à distance

Lorsque vous vous trouvez loin de votre animal, parce que vous êtes au bureau, ou en voyage, ou pour toute autre raison, vous pouvez vous connecter intuitivement à lui à n'importe quel moment et lui envoyer de l'amour. Vous pouvez aussi le rassurer en lui décrivant ce que vous faites et en lui donnant l'heure ou la date de votre retour.
Si votre absence doit durer longtemps, vous pouvez prendre le temps de vous asseoir dans un endroit calme, de fermer les yeux et d'imaginer ou de ressentir votre animal devant vous. Appelez-le par son nom, envoyez-lui tout votre amour. Parlez-lui à haute voix, ou bien transmettez-lui des pensées. Racontez-lui comment vous allez et dites-lui quand vous pourrez rentrer chez vous. Vous pouvez lui suggérer de faire certaines choses et lui envoyer une image montrant que tout va bien pour vous.

Faites ces séances chaque jour, ou au moins une fois par semaine.

### 4e exercice : Parler à un animal décédé

C'est un exercice que vous pouvez faire avec un animal que vous avez connu dans le passé, même s'il s'agit du chat de votre enfance. Asseyez-vous seul, dans un endroit calme, fermez les yeux et imaginez l'animal, ou bien ressentez sa présence. Prononcez son nom et envoyez-lui de l'amour. Puis racontez-lui tout ce que vous avez en tête ou dans votre cœur.

Si vous éprouvez de la culpabilité à son égard, indiquez-le lui, en détail. Demandez-lui s'il accepte de vous pardonner, invitez-le à vous montrer, par un signe quelconque, qu'il vous a effectivement pardonné. Si vous pleurez encore sa mort et que vous n'arrivez pas à en surmonter le traumatisme, demandez-lui s'il peut vous aider à retrouver la paix et la joie.

Dites-lui tout ce que vous n'avez pu lui dire de son vivant et demandez-lui de vous faire savoir, d'une manière ou d'une autre, qu'il vous a entendu.

### 5e exercice : Demander de l'aide

Si vous avez une difficulté dans la vie – un patron désagréable, un projet ardu à mener, un compte bancaire qui frôle constamment le rouge – essayez de demander à votre animal de vous aider à résoudre ce problème ou à accomplir ce que vous souhaitez. Le résultat risque de vous surprendre. Prenez-le comme une expérience, juste pour voir ce qui peut se passer.

*Quand Petra Gout m'entendit proposer cet exercice, elle alla aussitôt voir Tom, son chat, pour lui annoncer qu'elle en avait assez de son appartement et qu'elle avait envie de vivre dans une jolie maison. Un mois plus tard, son mari et elle eurent le coup de foudre pour une maison qu'ils aperçurent un jour, pendant qu'ils se promenaient à la campagne. Elle leur plut tellement qu'ils l'achetèrent aussitôt. On ne saura sans doute jamais si Tom a joué un rôle dans cette « coïncidence », mais peut-être a-t-il aidé Petra à manifester son rêve, exactement comme nous le ferions nous-mêmes, en la visualisant dans un joli cottage et en demandant à l'univers d'exaucer son souhait.*

# VI
# Techniques de base pour recevoir intuitivement les informations

La plupart des gens peuvent envoyer assez facilement des informations aux animaux, si on leur indique comment le faire. Recevoir des informations de la part des animaux exige davantage d'étude et de pratique. Parfois, cela se passe de façon spontanée.

Nombreux sont ceux qui m'ont raconté qu'ils avaient entendu – à leur grand étonnement – un animal leur parler. Toutefois, ils ne parviennent pas toujours à reproduire l'expérience ni à la maîtriser. Cela exige un peu de travail.

Ann Joly, une de mes amies, m'a envoyé cette histoire.

*Il y a quelques années, j'ai décidé d'aider bénévolement les pensionnaires d'une maison de retraite et de me faire accompagner pour cela par mes chats. La présence d'un animal représente une vraie thérapie, surtout quand il est doux et gentil. Nous y allions le mercredi, et au début, même si les chats n'appréciaient guère leur sac de transport, cela se passait bien. Au fil des semaines, ils devinrent de plus en plus difficiles à récupérer le mercredi après-midi, avant l'heure des visites. J'avais l'impression que la maison de retraite n'était pas l'une de leurs occupations favorites. Comme cela faisait six mois que nous nous y rendions régulièrement, nous avions des « clients » qui nous attendaient avec impatience et je ne voulais pas les décevoir. J'avais donc un vrai dilemme : d'un côté, j'apportais une joie certaine à des gens âgés qui comptaient sur mes visites, d'un autre, j'avais l'impression de mettre mes chats à la torture.*

*Le soir de Halloween, j'ai enfilé un costume de chat noir, avec une longue queue, et je me suis fait un maquillage de félin. J'ai pris une belle citrouille que j'avais découpée et, avec Max, mon gros chat gris, j'ai filé vers la maison de retraite. Pendant un bon quart d'heure, j'ai déambulé ainsi dans les couloirs, Max dans les bras, tandis que nos « patients » nous saluaient d'un air réjoui. Au moment où nous quittions Madame Johnson, installée dans le salon devant la télévision, pour aller rendre visite à Madame Wells dans sa chambre, Max m'annonça d'une voix forte et claire : « Je te préviens, si tu me mets encore dans les bras d'une autre vieille dame, je vais lui lacérer le visage de mes griffes ! »*

*Il m'avait communiqué ce message avec le plus grand calme, sans se débattre, ni miauler, ni même agiter la queue. Mais les mots étaient gravés dans mon cerveau et n'auraient pu être plus clairs s'il les avait criés dans mon oreille. J'ai fait demi-tour sans la moindre hésitation et j'ai marché d'un bon pas vers la sortie. Ce fut la fin de mon « approche thérapeutique » par les chats.*

Patty Bratsberg, une autre de mes amies, m'a raconté qu'elle avait eu un dialogue avec sa chatte qui a totalement transformé sa relation avec les animaux. Voici son histoire.

*Weezy, une chatte Abyssin de huit ans, vivait chez moi avec quatre autres félins. Toutefois, elle passait son temps à l'extérieur, car elle préférait chasser et dormir dehors. Souvent, elle me laissait des trophées de chasse sur mon paillasson. Aussi, quand elle changea ses habitudes pour demeurer à l'intérieur et me suivre pas à pas, je fus très étonnée. Elle s'asseyait à mes pieds et me regardait fixement. Au début, je fus flattée de l'attention qu'elle me prodiguait. Au bout d'un certain temps, j'ai commencé vaguement à m'inquiéter : je surveillais son poids, son appétit, ses fonctions d'élimination. Tout semblait normal.*

*Un matin, alors qu'elle me contemplait fixement, je lui ai demandé ce qui n'allait pas, tant j'étais frustrée et inquiète. Stupéfaite, j'entendis sa réponse résonner clairement dans ma tête : « J'ai un problème à l'estomac. » Ce n'était pas du tout le genre de phrase à laquelle je m'attendais. Le lendemain, je l'ai emmenée chez le vétérinaire pour un examen complet. Il ne trouva rien d'anormal. De plus, comme elle mangeait bien et ne vomissait jamais, il avait un doute quant à un « problème d'estomac ». Il fit passer une radio à Weezy, mais ne détecta rien de particulier. Étant donné mon inquiétude réelle, il me proposa d'opérer la chatte pour voir s'il y avait vraiment un problème. J'acceptai, et ce fut fait dans l'après-midi même. À notre grande surprise, quand il lui ouvrit le ventre, il découvrit qu'elle avait un cancer à l'estomac. Avec un tel cancer, il était ahurissant qu'elle puisse continuer à manger sans rejeter aussitôt ses aliments. Mais ce qui était le plus étonnant, c'est qu'elle m'avait communiqué son problème de façon précise et correcte, alors que ni le vétérinaire, ni moi-même n'avions détecté le moindre signe. Après cette expérience, je suis restée en communication avec Weezy pendant les dernières semaines de sa vie. Nous eûmes de longues conversations, en abordant des sujets plus vastes et plus élevés que celui d'un chat en train de mourir et de sa propriétaire pleine de chagrin. À la fin, nous étions toutes les deux profondément en paix. Finalement, quand elle me dit qu'elle était prête à « rentrer chez elle », je l'ai laissée partir.*

*Depuis, il m'apparaît évident qu'en tant qu'êtres humains, nous sommes constamment en la compagnie de grands enseignants emplis de patience, qu'il s'agisse d'animaux, d'arbres, de pierres... Voire de minuscules araignées. Si nous apprenions à les écouter, notre façon de vivre serait sans doute transformée et notre horizon élargi bien au-delà de ce que nous connaissons aujourd'hui.*

## Recevoir les informations intuitivement

Maintenant, vous allez apprendre les techniques de base pour recevoir les communications des animaux. Pour cela, vous allez vous servir d'un ou de plusieurs modes de réception, que nous avons déjà abordés et que vous pouvez relire en détail dans le chapitre III. En voici le rappel :

- **Ouïe** : on reçoit mentalement des mots ou des phrases (souvent, on les entend comme s'il s'agissait de notre propre voix).

- **Sensation** : on ressent, physiquement ou émotionnellement, quelque chose à propos de l'animal.

- **Vue** (voir et savoir) : on voit des images derrière nos paupières closes, qui nous donnent des informations et, tout à coup, on a les réponses aux questions que l'on a posées à l'animal.

- **Goût** : on a l'impression d'une saveur particulière.

- **Odorat** : on a l'impression d'une odeur spécifique.

# Quel mode de réception choisir ?

Souvent, quand on s'entraîne à recevoir des informations intuitivement, on éprouve des sensations, car c'est notre faculté d'empathie qui est la plus développée au début. Pour cela, posez une question à un animal – en silence ou à voix haute – demandez-lui par exemple ce qu'il aime faire. Ensuite, concentrez votre attention à l'intérieur de vous-même. Observez et écrivez tout ce qui vous vient : idées, intuitions, impressions, sensations, émotions.

Lorsque vous travaillez sur le mode sensitif, vous pouvez ressentir ce que ressent l'animal. Un jour, j'ai travaillé avec Bo, le cheval de Linda Huck. Dès que je me suis reliée à lui, j'ai ressenti beaucoup de tristesse, ainsi qu'une envie de pleurer. Au cours de notre « conversation », j'ai appris qu'il avait subi des mauvais traitements avant d'être adopté par Linda. J'ai travaillé avec lui afin d'alléger sa souffrance. Linda m'a dit ensuite qu'elle aussi, quand elle se trouvait à côté de Bo, ressentait de la tristesse et se mettait même à pleurer, sans en savoir la raison.

Lorsque j'ai commencé à communiquer avec les animaux, je recevais les informations sur les modes auditif et visuel. J'entendais les mots comme s'il s'agissait de ma propre voix, aussi avais-je du mal à croire que ces informations provenaient de l'animal. Il m'a fallu vérifier avec soin ce que je recevais. Je vous suggère de faire de même.

Il m'est arrivé d'entendre une voix différente de la mienne. Une fois, j'ai contacté un ours Grizzly en Alaska. Je travaillais en me concentrant sur une photographie prise par un naturaliste qui étudiait les ours. La voix que j'ai entendue alors avait un accent anglais et les phrases étaient structurées de façon très différente de mon langage habituel. J'ignore totalement pourquoi cela s'est passé ainsi, mais je ne suis pas près de l'oublier.

Il m'arrive fréquemment de recevoir des informations sous forme de phrases insolites. Parfois, pendant que je note, j'écris automatiquement certains mots en majuscules, ou bien je les souligne et j'ajoute des points d'exclamation. Dans ce cas-là, je suis certaine que les informations proviennent directement de l'animal.

Vous n'avez pas besoin d'être capable de visualiser pour communiquer intuitivement. Si la visualisation n'est pas votre point fort, essayez de vous servir des autres modes de communication. Toutefois, j'ai remarqué que les étudiants qui participent à mes stages finissent par être capables de visualiser, même si, au début, ils prétendaient le contraire. « Savoir » est un aspect de « Voir ». Quand vous recevez des informations selon ce mode, vous avez l'impression de « tout voir », ou de tout savoir en même temps.

Il est rare que les débutants reçoivent des informations sous forme d'impressions gustatives ou olfactives, mais cela peut arriver. Seule la pratique vous permettra de connaître vos modes de réception privilégiés. Au bout d'un moment, peut-être pourrez-vous vous servir de toute la gamme et changer de mode à volonté. À ce niveau-là de pratique, vous demandez à recevoir les informations selon votre mode préféré. Par exemple, vous pouvez demander à un chien qui a fugué de vous montrer une image de l'endroit où il se trouve. Ou bien vous pouvez demander à un cheval de vous envoyer les émotions qu'il ressent à propos de son entraîneur.

Il est souvent plus facile au début de travailler au niveau émotionnel. Plus tard, vous aurez recours à ce mode si vous avez un blocage dans la réception des informations. Mais en définitive, votre mode de réception n'appartiendra qu'à vous, il est unique pour chaque individu, et il n'y a pas de bonne ou de mauvaise façon de recevoir les informations.

## Ayez l'esprit calme

Pour communiquer intuitivement, que ce soit par le biais de la connaissance universelle ou directement avec un animal, il faut que votre esprit soit calme, ce qui n'est guère facile par les temps qui courent.

Nombreux sont ceux qui me disent qu'ils ne parviennent pas à calmer leurs pensées et leur dialogue intérieur suffisamment longtemps pour recevoir des informations intuitives. C'est pour cela que j'ai mis au point des techniques de base permettant de se concentrer et de se relier. En les suivant, étape par étape, vous pourrez apaiser votre esprit de façon à vous relier émotionnellement et mentalement à un animal et à recevoir les messages qu'il vous envoie.

> Le calme est une condition impérative à la bonne réception de cette communication intuitive.

## Questions que l'on se pose souvent au début

- **Est-il nécessaire de fermer les yeux pour communiquer intuitivement ?**

  *Réponse :* Je garde les yeux ouverts quand je travaille avec mes propres animaux, mais je ferme souvent les yeux quand je souhaite me concentrer sur l'animal d'un client. Certains spécialistes travaillent en gardant les yeux ouverts. Ils se concentrent sur le sol ou sur un mur neutre pour diminuer les interférences éventuelles de stimuli visuels. Il n'existe pas vraiment de règle à ce sujet, aussi faites ce qui vous semble le plus confortable.

- **N'est-il pas préférable de communiquer en présence de l'animal, plutôt qu'à distance ?**
  *Réponse :* On pense souvent qu'il est plus facile de communiquer lorsqu'on est en tête à tête avec l'animal. D'après mon expérience, cela n'est pas toujours le cas. Quand vous vous trouvez avec lui, l'animal cherche à agir, à attirer votre attention. Il voudra peut-être jouer, ou bien il voudra une caresse, ou de la nourriture, etc. Voilà qui ne facilite pas la communication intuitive. Je travaille beaucoup à distance, et mes résultats sont aussi justes que lorsque je suis en présence de l'animal.

À la fin de ce chapitre, je vais vous donner certains exercices pour entrer en contact avec un animal, en vous servant uniquement d'une photo. Dans les chapitres suivants, vous ferez des exercices avec des animaux vivant chez des amis, et vous pourrez choisir de les faire face à face, ou bien à distance. Vous pourrez alors comparer les résultats et voir si l'une de ces méthodes vous convient mieux que l'autre.

# Techniques pour se concentrer et pour entrer en contact

## Se calmer

En observant votre respiration, vous vous concentrerez plus facilement et vous parviendrez à un certain calme.
Voici ma technique :

1 • Inspirez aussi profondément que possible, sans vous forcer.
2 • Retenez votre souffle un instant
3 • Expirez consciemment et lentement.

Faites cet exercice à plusieurs reprises, jusqu'à ce que vous vous sentiez calme et à l'aise. Cette technique simple peut devenir une sorte de méditation quotidienne.
Je vous suggère de pratiquer cette respiration quelques minutes, chaque jour au même moment, de préférence le matin, de façon à ce que cela fasse partie de vos habitudes. Vous pourriez ajouter une affirmation, par exemple dire mentalement « Je suis » en inspirant, et « calme » en expirant. C'est à vous de choisir l'affirmation qui vous convient.

## S'ancrer

Cela signifie que vous vous sentez relié à la terre. Pour me relier, j'imagine que j'ai une queue d'animal, invisible, longue, souple, extensible, qui traverse le sol et va jusqu'au centre de la terre. Cette queue me stabilise tout en me permettant de bouger librement.

## Adopter une attitude positive

Vous pouvez rencontrer pas mal de pièges en pratiquant la communication intuitive, et l'un des plus grands peut être votre propre attitude.

En étant votre pire critique, vous vous empêchez de développer votre intuition. J'ai déjà vu des gens s'inhiber au point de ne plus vouloir communiquer. La technique suivante vous évitera de vous bloquer vous-même.

1 • Découvrez quelle est la croyance qui vous empêche de communiquer intuitivement. Il y en a sans doute plus d'une, du style : « Je vais échouer, ce n'est pas réel, mon imagination va me jouer des tours, je ne pourrais pas y arriver, les autres peuvent le faire mais pas moi, c'est trop difficile, c'est impossible, les gens vont me prendre pour une cinglée... » Et encore, ce n'est qu'une toute petite liste !
J'ai entendu bien des fois ce genre de croyances. Parmi celles que je viens de mentionner, y en a-t-il une ou plusieurs qui vous « parlent » ? Sinon, prenez votre bloc-notes et écrivez vos croyances négatives et restrictives.

2 • Faites ensuite une affirmation positive de façon à contredire ce genre de croyance. Prenons par exemple ces deux phrases : « Mon imagination me joue des tours » et « C'est trop difficile ». Voici une affirmation qui les rend positives : « Il est facile de recevoir des informations intuitives et j'obtiens des résultats parfaitement exacts. »

3 • Écrivez sur votre bloc-notes l'affirmation qui rendra positives les croyances négatives que vous êtes conscient d'abriter. Vous pouvez prononcer cette affirmation à voix haute avant de faire les exercices de communication intuitive.

Le fait d'avoir une intention positive est l'une des clés de la réussite. Les croyances négatives cachées, en revanche, vous poussent à l'échec. Tout problème peut être transformé en une intention positive. Vos croyances vont changer à mesure que vous pratiquerez les exercices décrits dans ce livre, alors soyez prêt à modifier vos affirmations en conséquence.

*Ce processus, qui consiste à transformer consciemment votre système de croyances négatives, peut vous aider dans tous les domaines de la vie.*

## Faire fonctionner son intuition

Pour cela, imaginez que votre corps entier s'ouvre pour recevoir les impressions intuitives. En travaillant avec votre intuition, vous vous reliez au plan de l'esprit collectif et de la connaissance universelle mentionnés dans le chapitre II.

J'imagine cette connaissance universelle comme s'il s'agissait d'une immense bibliothèque contenant un livre pour chaque question que je pourrais poser. Pour avoir accès à cette bibliothèque, j'imagine que ma conscience s'élève comme un rayon lumineux, de ma tête vers le plan de l'esprit collectif, quelque part au-dessus de moi. Ainsi, je me sens reliée à toute la connaissance de l'univers, dont l'accès se trouve désormais à ma portée.

> Tout problème peut être transformé en une intention positive.

## Entrer en contact avec l'animal

Il s'agit d'une étape cruciale. Au début, vous aurez besoin de voir l'animal lui-même ou bien d'avoir sa photo ou sa description. Essayez d'obtenir un portrait le plus complet possible, comprenant : nom usuel, âge, sexe, race, couleur, marques distinctives. Ensuite, fermez les yeux et voyez ou ressentez l'animal devant vous, comme s'il se trouvait là, quelle que soit la distance qui vous sépare dans la réalité.

Centrez-vous alors sur votre cœur et voyez-le empli d'amour. Ouvrez votre cœur et envoyez cet amour vers le cœur de l'animal. Une fois que vous vous serez ainsi relié à l'animal, vous serez prêt à communiquer avec lui.

## Comment se servir des techniques de concentration et de connexion

Ces techniques sont destinées à vous mettre dans l'état approprié pour pouvoir recevoir des impressions intuitives. Elles ont déjà été évoquées, mais en voici le rappel :

- Se calmer
- S'ancrer
- Avoir une attitude positive
- Activer son intuition
- Entrer en contact avec l'animal

S'il vous est difficile de calmer votre esprit et de vous concentrer, je vous suggère de pratiquer les deux premières techniques quotidiennement. Il vous suffit de le faire quelques minutes par jour, de préférence à la même heure afin que cela devienne une habitude, pour obtenir des résultats.

Les deux techniques suivantes, « Avoir une attitude positive » et « Activer son intuition » peuvent être suivies consciemment quand on commence à pratiquer la communication intuitive. Mais votre corps va finir par les mémoriser et, au bout d'un certain temps, il vous suffira d'inspirer profondément pour vous mettre en condition et vous sentir prêt à communiquer.

La dernière étape, « Entrer en contact avec l'animal », doit être faite consciemment chaque fois que l'on souhaite entamer une communication.

Lorsque vous avez terminé votre conversation, il est bon de remercier l'animal.

J'utilise ces techniques comme s'il s'agissait d'une méditation tous les matins, avant de commencer mon travail de consultation avec les animaux. Ensuite, je fais l'étape « Entrer en contact » avec chaque animal avant de travailler avec lui. De plus, j'inspire profondément de temps à autre, pour rester calme et centrée. Cette profonde inspiration est comme une information envoyant à mon corps le message d'être en paix, de m'ancrer, d'avoir une attitude positive et d'activer mon intuition.

# Deux méthodes pour demander des informations intuitives

## Méthode directe

*Vous envoyez intuitivement une question directement à un animal, ensuite vous notez les impressions que vous recevez.*

## Méthode indirecte

*Vous vous branchez sur la connaissance universelle, en demandant les informations que vous souhaitez obtenir, et vous notez les impressions que vous recevez.*

Dans les exercices décrits dans les prochains chapitres, vous allez travailler avec mes animaux et avec moi-même. Si les lecteurs se servaient de la méthode directe, mes animaux et moi nous ne dormirions sans doute pas de la nuit ! Aussi, pour ces exercices, je vous demande d'utiliser la méthode indirecte, c'est-à-dire en vous reliant à la connaissance universelle. Puis, lorsque vous aurez suffisamment pratiqué, vous commencerez à travailler avec les animaux vivant chez vos amis. Là, vous pourrez passer à la méthode directe pour demander des informations et les recevoir intuitivement.

Il est bon d'apprendre à se servir de ces deux méthodes. Quand je fais mes consultations, je passe de l'une à l'autre. En général, je demande des informations directement à l'animal, mais parfois il ignore la réponse : il ne sait pas pourquoi il est malade, ni pour quelle raison il a changé de comportement, etc. Dans ce cas-là, j'essaie d'obtenir l'information en me branchant sur la connaissance universelle.

Que vous demandiez directement ou indirectement des informations, vous les recevrez selon les cinq modes dont nous avons déjà parlé – c'est-à-dire que vous pourrez les entendre, les ressentir, les voir ou les savoir, les sentir ou les goûter intuitivement. Peut-être recevrez-vous des informations différentes selon que vous les demandez directement ou indirectement, mais ces différences seront légères.

Prenons l'exemple d'un chien auquel on demande s'il aime les chats. En suivant la méthode indirecte, vous passerez par les différentes étapes qui consistent à vous centrer, à entrer en contact avec l'animal, à sentir une liaison allant du sommet de la tête jusqu'à la connaissance universelle, puis à demander à recevoir la réponse à votre question : « Ce chien aime-t-il les chats ? » À ce moment-là, vous recevrez éventuellement l'image du chien en train de lécher un chat, ou bien du chien et d'un chat dormant dans le même panier, et vous en déduirez qu'il s'agit d'une réponse affirmative. Ou vous entendrez peut-être une phrase du style « Il les adore ! ».

Si vous posez directement la question au chien, la méthode ne serait différente qu'à la fin : au lieu de demander à recevoir une information provenant de la connaissance universelle, vous interrogeriez directement l'animal, en l'appelant silencieusement par son nom. Si vous choisissez la méthode directe, vous recevrez sans doute la même réponse sous la forme d'une déclaration émanant du chien, du genre : « Bien sûr que j'aime les chats ! ». Et vous pourriez voir l'image du chien dormant avec un chat dans le même panier, ou bien en train de lécher un chat. Quelle que soit la méthode choisie, vous ferez l'étape consistant à ouvrir votre cœur à l'animal pour entrer en contact avec lui et à lui envoyer votre amour.

## Règles à suivre pour recevoir intuitivement des informations

J'ai découvert qu'il existe certaines règles qui reviennent constamment et qui peuvent vous aider à obtenir de bons résultats.

### Laissez tomber votre esprit logique

La logique écrase l'intuition. Pour recevoir des informations intuitives, il faut lâcher prise de la tendance qui consiste à suivre un raisonnement logique ou à essayer d'avoir une réponse « correcte ». Il vaut mieux, quand vous tentez de recevoir des informations intuitives, faire attention à chaque pensée, impression, sensation, sentiment, image, ou mot qui vous vient. Notez-les aussitôt. Voilà les informations que vous cherchez. Oubliez votre logique, vos années d'études scolaires, votre mental conditionné. Tout ce que vous avez à faire, c'est de noter ce flot de conscience, à mesure que vous le recevez. Parfois, vous aurez des informations intuitives avant même d'accomplir les différentes étapes pour se centrer et se relier. Chaque fois que vous recevez une impression, notez-la et continuez à voir si d'autres informations vous sont transmises. Cela semble facile, mais en fait c'est la partie la plus difficile. Au bout d'un moment, après avoir fait pas mal d'essais et d'erreurs, vous serez capable d'accepter ce que vous recevez au lieu de tenter d'obtenir une réponse qui vous semble « correcte ». En vérité, dans la communication intuitive il n'y a pas moyen d'imaginer la bonne réponse. Vous n'avez qu'une possibilité, c'est de reconnaître et de noter aussitôt ce qui vous vient. C'est en suivant cette méthode que vous parviendrez au succès.

Voici un exemple qui vous montre comment la logique peut devenir un obstacle.

*Au cours d'une classe de débutants, l'une des participantes a demandé à un chien ce qu'il aimait manger. Elle a obtenu une réponse, mais a décidé de la modifier. Elle dit au partenaire du chien que ce dernier aimait le bœuf séché. Le partenaire a déclaré qu'il n'avait jamais donné à son chien de bœuf séché. L'étudiante se sentit découragée. Quand je lui ai parlé de l'exercice, je découvris qu'elle avait vu en fait une scène représentant le chien en train de ronger un os sanguinolent sur lequel il y avait encore des morceaux de bœuf crus. À ce moment-là, le partenaire du chien intervint en s'exclamant : « Pourquoi ne me l'avez-vous pas dit ? Je lui donne ce genre d'os car il adore ça ! » L'étudiante indiqua qu'elle avait modifié la réponse du chien en décidant qu'il s'agissait de bœuf séché, car elle pensait qu'il était mauvais de donner ce genre d'os à un animal.*

Oubliez votre logique,
vos années d'études scolaires,
votre mental conditionné.

## Ne censurez rien

Cette étudiante avait donc censuré l'information qu'elle avait reçue. Le chien lui avait donné une réponse claire et précise, mais l'étudiante avait préféré la modifier pour correspondre à une information qu'elle jugeait plus logique et donc potentiellement plus exacte. J'ai fait moi-même cette erreur de nombreuses fois, en essayant de changer ce que je recevais afin que cela corresponde davantage à la réalité que je connaissais. Il n'est pas facile d'abandonner ce genre d'habitude mentale. Avec le temps, vous y parviendrez. Moins vous censurez l'information que vous recevez, plus vous notez vos impressions telles qu'elles vous parviennent et plus vous aurez des chances de tomber juste.

## Notez tout

Si je ne note pas les informations à mesure qu'elles me parviennent, j'ai tendance à les oublier. Il est dommage de communiquer et de ne pas noter les résultats, donc j'écris tout ce qui me vient. Parfois, j'écris alors que j'ai les yeux fermés, et ensuite il me faut un certain temps pour déchiffrer mes gribouillages ! C'est une question de pratique, mais pour faciliter les choses, vous pouvez enregistrer les informations qui vous viennent avec un petit magnétophone. Certaines personnes les tapent directement sur le clavier d'un ordinateur, mais quand je le fais, cela interfère avec ma concentration. Faites votre expérience, et trouvez la méthode qui vous convient le mieux. L'essentiel est de noter toutes les informations, exactement comme vous les recevez.

Pour résumer, voici les trois règles de base quand vous recevez les informations :

1 • Lâchez prise de l'esprit logique.
2 • Ne censurez rien.
3 • Notez tout.

***Un « tuyau » pour améliorer vos capacités intuitives :***
Certains étudiants pratiquent ce que l'on appelle l'« écriture automatique », que l'on apprend souvent pendant des stages de créativité. Cela signifie qu'ils écrivent tout ce qui leur passe par la tête sans s'arrêter, sans même poser leur stylo et surtout sans penser et sans corriger quoi que ce soit, pendant de longues minutes. Cela permet, quand on le pratique régulièrement, de libérer quelque peu l'inconscient et d'accéder à son intuition plus facilement.

## Exercices pour recevoir les informations

### 1er exercice : Écriture automatique

Pratiquez chaque jour, toujours au même moment de la journée. Choisissez une durée, disons dix minutes. Programmez un réveil afin qu'il sonne à la fin de ces dix minutes. Jusqu'à la sonnerie, écrivez sans relâche, votre stylo ne doit pas quitter la feuille. Vous pouvez choisir un sujet, ou bien simplement commencer par « Je vais... » et écrire jusqu'à la fin de la période. Ne corrigez rien, même pas l'orthographe.

### 2e exercice : Apprendre à discerner la personnalité d'un animal, savoir ce qu'il aime et ce qu'il n'aime pas

Vous allez voir sur les pages suivantes les photos de trois animaux. Je ne vous donne que leur nom et leur sexe. J'ai omis de vous indiquer leur âge, pour que vous ne soyez pas tenté de faire d'hypothèses quand vous recevrez des informations. Si vous lisiez ce livre dans dix ans, et que l'un des animaux soit mort, vous pourriez quand même faire cet exercice.

N'oubliez pas que ces premiers exercices se font par la méthode indirecte, c'est-à-dire en vous branchant sur la connaissance universelle !

Avant de commencer, révisons les étapes de la procédure :

1 • Calmez le mental grâce à la respiration. Inspirez profondément, retenez votre souffle et expirez lentement.

2 • Ancrez-vous en vous reliant au centre de la terre.

3 • Adoptez une attitude positive. Affirmez votre intention de réussir l'expérience.

4 • Activez votre intuition : ouvrez-vous à elle et reliez-vous à la connaissance universelle.
5 • Contactez l'animal : envoyez-lui votre amour, de cœur à cœur.
6 • Suivez votre intuition : notez tout ce qui vous vient.

Au sujet de ce dernier point, assurez-vous de capter chaque pensée, chaque image, chaque sensation. Procédez comme si vous faisiez de l'écriture automatique. Dès que vous avez la première pensée, continuez sans vous arrêter, jusqu'à ce que vos pensées cessent. Si vous n'obtenez rien au début, essayez au moins de deviner la réponse.

Faites les trois exercices suivants avant de vérifier les réponses à la fin du livre.

### Photo 1 : CHAT

Il s'agit d'une chatte qui s'appelle Hazel. Examinez sa photo. Sentez que vous vous reliez à la connaissance universelle et demandez à recevoir des informations à propos de la personnalité de Hazel.
Écrivez tout ce que vous percevez après avoir posé la question. Demandez ensuite ce que cette chatte aime et n'aime pas. De nouveau, notez toutes vos sensations et vos impressions, même si vous les trouvez ridicules ou absurdes. Puis demandez l'âge de l'animal et notez l'information qui vous vient. Si vous n'en avez aucune, tentez de deviner, puis passez à l'animal suivant.

## Photo 2 : CHIEN

Examinez sa photo. Il s'agit d'une chienne qui s'appelle Brydie. Soit vous refaites les étapes afin de vous concentrer et de vous relier, soit vous prenez simplement une profonde inspiration et vous ouvrez votre cœur pour envoyer de l'amour au cœur de Brydie. Sentez que vous êtes relié à la connaissance universelle et demandez à recevoir des informations concernant la personnalité de Brydie.

Écrivez tout ce qui vous vient et tout ce que vous ressentez. Puis demandez ce qu'elle aime et ce qu'elle n'aime pas. Notez tout. Demandez son âge, écrivez la réponse ou bien devinez-la. Ensuite, passez à l'animal suivant.

## Photo 3 : CHEVAL

Regardez bien la photo de ce cheval, dont le nom est Dylan. Vous pouvez refaire les étapes pour vous concentrer et vous relier, ou bien inspirer profondément et envoyer de l'amour à Dylan, de cœur à cœur. Sentez bien votre connexion à la connaissance universelle et demandez des informations au sujet de la personnalité de Dylan. Notez vos impressions. Puis cherchez à savoir ce qui lui plaît et ce qui lui déplaît. Notez les informations que vous recevez. Demandez quel est son âge et notez la réponse.

Ouvrez les yeux, revenez à un état d'esprit alerte et présent. Maintenant, vous pouvez chercher les réponses qui sont mentionnées à la fin du livre.

### Résultats

- Si vous obtenez 60 % ou davantage de réponses correctes, tout va bien. Habituellement, le taux de réussite des débutants se situe entre 20 et 60 %. N'oubliez pas que c'est la première fois que vous faites ces exercices !
- Si vous avez moins de 20 % de réponses correctes, il se peut que ce soit dû à un certain stress. La première fois qu'elles montent à bicyclette certaines personnes font davantage de chutes que d'autres... Ensuite, elles roulent tout aussi bien.
- Il se peut aussi que vous ayez, au fond de vous-même, un esprit critique très fort. Dans ce cas, lisez attentivement le chapitre qui suit. Peut-être faites-vous partie de ces personnes qui travaillent plus facilement en présence d'un enseignant. Je vous suggère de continuer à faire les exercices indiqués tout au long du livre, et si vos résultats ne s'améliorent pas, essayez de travailler directement avec un enseignant. Mais vous allez sans doute augmenter votre confiance et vos capacités à mesure que vous pratiquerez les exercices que je vous propose dans les chapitres suivants.

# VII

# Le critique intérieur

Lorsque vous raconterez aux gens que vous êtes en train d'apprendre à parler aux animaux, nombreux sont ceux qui vous écouteront avec intérêt. Toutefois, certains vont s'agiter sur leur chaise et faire semblant de ne pas vous avoir entendu, d'autres vont froncer les sourcils en marmonnant : « Ah oui, comme c'est intéressant… », d'autres encore diront tout simplement : « Ah, oui… » et s'empresseront de parler d'autre chose. Il y a aussi ceux qui vont vous demander, avec un sourire en coin : « C'est ça… Vous imitez le Dr Doolittle ? », ce qui va vous réduire aussitôt à la caricature d'un personnage de film pour enfants.

Ce genre de personne risque ensuite de vous demander d'apprendre à son chien à trouver un emploi, de façon à ce qu'il puisse gagner sa nourriture lui-même… À moins qu'elle ne vous considère désormais comme un cinglé jusqu'à la fin de vos jours.

Dans la mesure où la communication intuitive avec les animaux est une méthode non conventionnelle, il est tout à fait compréhensible qu'elle suscite des réactions négatives. Elle met au défi de nombreuses croyances de la société, qui affirment notamment que les humains sont les seules créatures intelligentes et que toutes les autres formes de vie sont beaucoup moins importantes.

Quand j'ai commencé à travailler professionnellement dans ce domaine, j'ai dû affronter pas mal de regards méprisants. J'avais besoin de parler de mon travail afin de trouver des clients, mais intérieurement, j'aurais préféré garder cela pour moi. Je me sentais fragile face à ceux qui m'attaquaient parce qu'ils ne pouvaient accepter ce que je faisais. Heureusement, depuis dix ans, les mentalités ont changé. Mais de temps à autre, il vous faudra faire face à certaines critiques. Si ces critiques viennent s'ajouter au doute que vous pouvez avoir en vos capacités, cela ne va pas faciliter vos débuts dans la communication intuitive. Nous avons tous subi le conditionnement du système éducatif et social qui nous demande de douter *a priori*, surtout quand il s'agit de domaines non conventionnels. J'ai eu de rares étudiants qui n'ont jamais été effleurés par le doute, mais ils avaient généralement eu dans leur entourage quelqu'un qui les avait encouragés à se servir de leur intuition dans leur enfance. De plus, ils ne se souciaient guère de ce que les autres pouvaient penser de la communication intuitive. Ah, si nous pouvions tous avoir ce genre de stabilité !

Dans mon cas, j'étais non seulement inquiète de ce que les autres pouvaient penser de moi, mais encore j'étais aussi certaine de ne pas avoir d'aptitudes réelles et d'inventer les réponses que je recevais.

*Voilà pourquoi j'ai été surprise quand l'une des étudiantes du cours que je suivais m'a demandé de l'aider à résoudre un problème que lui posait son chat. J'acceptai pourtant et je me rendis chez elle pour discuter avec son vieux chat, qui s'était caché dans sa cave depuis vingt-quatre heures et refusait d'en sortir de peur que sa maîtresse ne le force à avaler le médicament que le vétérinaire avait recommandé pour le soigner. Quand je descendis l'escalier qui menait à la cave, tous les autres animaux de la maisonnée me suivirent, comme s'ils voulaient savoir si je serai capable d'aider leur vieil ami. Entourée des animaux, je m'assis sur une chaise et je commençai à communiquer avec le chat. Je lui demandai s'il existait un moyen pour qu'il accepte d'avaler le médicament. J'eus alors l'impression qu'il le ferait si on le mélangeait avec de la crème. Je le quittai en lui promettant qu'on allait procéder ainsi. Une heure plus tard, ma collègue me donna un coup de fil pour me dire que le chat était sorti de la cave et avait lapé tout son médicament « à la crème ».*

> L'apprentissage de la communication intuitive va au-delà de l'apprentissage d'une langue.

Cette étudiante avait dû voir quelque chose en moi que je n'avais pas vu. Elle avait sans doute perçu que je possédais une certaine capacité, même si je pensais fermement le contraire. Après des années d'enseignement, je vois toujours ceux qui débutent faire face à ce même problème. Ils commencent avec un doute intérieur et ils sont entourés de gens qui doutent aussi. La majorité d'entre nous a du mal à croire que l'on puisse parler aux animaux et entendre vraiment leur réponse.

Donc, au départ, vous aurez sans doute à affronter votre critique intérieur. Essayez d'être patient, observez vos progrès avec réalisme et tirez les leçons de vos erreurs. Il vous a fallu un certain temps – et pas mal de chutes – avant d'apprendre à faire du vélo ou du ski. Plus vous aurez confiance en vous, moins vous verrez de doute chez les autres. Au contraire, ces derniers s'intéresseront à votre travail. J'ai fini par comprendre que les critiques que je recevais du monde extérieur étaient, dans une certaine mesure, le reflet de mon critique intérieur.

L'apprentissage de la communication intuitive va au-delà de l'apprentissage d'une langue. Vous devrez apprendre des techniques et des symboles, mais en plus, vous devrez apprendre à avoir confiance en vous, à croire aux informations que vous recevrez, à accepter l'idée que vous ne pourrez sans doute jamais parvenir à la perfection et à apprendre à vous respecter, même si d'autres ne le font pas. Ce genre de leçons comporte une qualité spirituelle. C'est pour cela que je dis aux gens que la communication intuitive peut devenir un chemin de transformation de soi.

## Le policier intérieur

Mona Lisa Schultz, une neuropsychiatre qui met son intuition au service du diagnostic médical, indique dans son livre *Awakening Intuition* que le lobe frontal du cerveau, qui est responsable de la pensée critique et du jugement, est le lieu où réside le critique intérieur. Ce dernier fonctionne comme un policier et nous empêche de dire ou de faire des choses qui sembleraient stupides ou absurdes. Il est continuellement en train de nous protéger afin que nous demeurions dans le cadre de la société. Ce « policier » ne parvient à maturité qu'après notre enfance, ce qui explique pourquoi les enfants n'ont pas ce genre d'inhibition.

Pour développer une bonne intuition, il est souhaitable que l'hémisphère gauche (logique, raison), l'hémisphère droit et les lobes temporaux (sensations, créativité, instinct) travaillent en harmonie. Cela nous permet de recevoir des informations intuitives à la fois précises et détaillées.

En général, quand les gens commencent la communication intuitive, les lobes frontaux se révoltent et nous lancent un message du style : « Non, mais tu es cinglé ? Il n'est pas question que tu fasses un truc pareil, c'est impossible ! Et qu'est-ce que les gens vont penser de toi ? » Ce réflexe peut-être suffisamment fort pour empêcher certaines personnes de poursuivre leur apprentissage.

## Les autres blocages les plus fréquents

Pour vérifier une information reçue d'un animal, il vous faut la divulguer. Pour beaucoup d'entre nous, c'est difficile car nous avons été conditionnés par le système éducatif et nous nous souvenons de notre malaise quand nous donnions une réponse fausse à un professeur ou quand nous échouions à un examen. La communication intuitive nous oblige à nous exposer constamment. Nous devons dire aux gens ce que nous avons appris de l'animal et leur laisser le soin de vérifier l'information.

Par ailleurs, sachez que vous ne pouvez pas être exact à cent pour cent. Vous aurez beau pratiquer et pratiquer, il arrivera toujours un moment où une information sera inexacte.

## Comment se débarrasser des blocages

L'un des techniques suivantes peut vous aider à écarter certains blocages à la communication intuitive.

### Inverser les croyances négatives

Ces croyances sont à l'origine de nombreux blocages. Par exemple, si vous avez l'impression de recevoir des informations qui ne sont pas assez précises, il se peut que pour une raison ou une autre, vous croyiez que vous ne pouvez pas être précis. Je vous suggère alors d'identifier cette croyance et de l'inverser en formulant une croyance positive, comme indiqué page 86.

## Concluez un accord avec votre critique intérieur

Si votre « policier » est très actif et que vous avez l'impression d'être toujours en train de vous juger et de vous censurer, vous risquez de bloquer les informations intuitives que vous pourriez recevoir.

À titre d'expérience, proposez à votre « policier » de vous aider à recevoir ces informations pendant trois mois, par exemple. Cela signifie que votre lobe frontal doit se calmer et devenir votre assistant pour récupérer toute information intuitive qui vous vient. À la fin du délai, évaluez les résultats obtenus.

## Pratiquez les techniques positives sur vous-même

Suivez cette règle : reconnaissez tout ce que vous réussissez. Chaque fois que vous avez un succès, même le plus minime, félicitez-vous, offrez-vous une récompense. Dans votre bloc-notes, soulignez et ajoutez des étoiles aux informations que vous avez notées et qui s'avèrent justes. N'hésitez pas à dire que vous obtenez de bons résultats. Personne ne peut mieux vous encourager que vous-même. Alors, faites-le.

## Suivez votre première impression

C'est la meilleure technique que je puisse recommander pour libérer vos capacités intuitives. Cela signifie que vous êtes aux aguets pour pouvoir capter l'impression, même la plus légère, qui émerge à la surface de votre conscience. Demandez-vous : « Qu'est-ce que je perçois, là ? Qu'est-ce qui me vient ? » et acceptez cette première impression, sans du tout la censurer.

## Devinez ou bien ressentez

Si vous êtes bloqué pendant que vous pratiquez et que vous ne percevez rien du tout, vous pouvez faire deux choses et, la première, c'est d'essayer de deviner. Au moins, cela vous oblige à avancer. Vous vérifierez la réponse ensuite.

La seconde solution consiste à vous mettre en « mode ressenti », qui est généralement le plus facile à adopter. Demandez-vous quelles sont vos sensations et essayez aussi de sentir celles de l'animal.

## Détendez-vous

Quand vous commencez à pratiquer la communication intuitive avec un animal vivant chez l'un de vos amis, vous pouvez demander à votre ami de vous donner les réponses aux questions avant de lui révéler ce que vous, vous avez perçu. Cela vous permet de partager avec votre ami uniquement ce que vous souhaitez. Expliquez aux gens que vous êtes débutant et que vous ne serez pas forcément précis – mais je suis souvent étonnée par les excellents résultats qu'obtiennent certains débutants – au moins, cela vous permet de ne pas avoir de pression.

N'oubliez pas la règle de base : soyez enchanté de la moindre réponse juste et ignorez les autres.

## Évitez les critiques

Il vaut mieux ne pas parler de ce que vous faites avec les gens qui ont l'esprit critique. Une fois que vous aurez confiance en vos capacités, vous pourrez les mettre au courant. Cela vaut aussi pour votre conjoint ou votre partenaire s'il a tendance à critiquer.

## Soyez positif

Si vous pratiquez la méditation ou bien des respirations spéciales le matin, vous pouvez faire une affirmation positive. Par exemple, dites au moment de l'inspiration « Je suis… » et au moment de l'expiration « …très intuitif ». Ou bien imaginez une scène, avec le plus de réalisme possible, dans laquelle vous obtenez d'excellentes réponses de la part d'un animal que vous connaissez. Ce genre de visualisation peut vous aider à créer ce que vous souhaitez dans la vie.

# Exercices

## Identifiez vos blocages et nettoyez-les

Une attitude positive est l'une des meilleures façons de nettoyer un blocage. Pour cela, réalisez le paragraphe « adoptez une attitude positive », page 86 et procédez selon les étapes suivantes :

- Identifier les croyances que vous souhaitez changer.
- Trouver une formule qui inverse la croyance négative.
- Énoncez votre affirmation positive en la mettant au temps présent, comme s'il s'agissait de votre croyance et de votre expérience actuelles.
- Servez-vous de cette affirmation positive quand vous pratiquez la communication intuitive, et chaque fois que vous vous sentez envahi par des impressions négatives.

Révisez, à la page 103, la section intitulée : « Comment se débarrasser des blocages », choisissez l'une des techniques proposées, pratiquez-la et notez soigneusement vos résultats, afin de voir si elle vous aide à augmenter vos aptitudes.

## Pratiquer avec une personne

Pour certains, il est plus facile de faire l'exercice qui consiste à repérer la personnalité et les goûts d'une personne plutôt que ceux d'un animal. Vous savez déjà comment je travaille et vous connaissez certains détails à mon propos, mais vous ignorez ce que j'aime ou ce que je n'aime pas faire.
Commencez par examiner la photo qui me représente près de mon cheval Dylan (page 97). Ensuite, concentrez-vous. Soit vous

prenez une profonde inspiration, soit vous effectuez les étapes menant à la concentration.
N'oubliez pas que pour les exercices qui me concernent, ou bien qui concernent mes animaux, vous demandez les informations de façon indirecte, en vous adressant à la connaissance universelle. Sentez que vous vous reliez à cette connaissance, et demandez à savoir ce qui me plaît et ce qui me déplaît. Vous pouvez le faire les yeux ouverts, fixés ou non sur la photo, ou bien les yeux fermés. Notez toutes les impressions qui vous arrivent. Passez à l'exercice suivant avant de vérifier les réponses à la fin du livre.

**Pratiquer avec un animal**

Essayez maintenant de cerner la personnalité d'un animal, en travaillant à partir de sa description et non de sa photo. Cette fois, vous allez vous concentrer sur mon chien Bear. Il est castré, noir et ressemble beaucoup à Brydie dont vous avez vu la photo, mais il est un peu plus petit et plus épais et il n'a pas de taches blanches sur la tête. Concentrez-vous et reliez-vous à lui par le cœur. Sentez que vous êtes connecté à la connaissance universelle et demandez à percevoir la personnalité de Bear. Vous pouvez avoir les yeux ouverts ou fermés. Demandez ensuite ce qu'il aime et ce qu'il n'aime pas. Notez absolument toutes vos impressions. Demandez son âge et notez ce qui vous vient.
Revenez alors au temps présent et vérifiez les réponses indiquées à la fin du livre.

TROISIÈME PARTIE

# Techniques avancées

# VIII
# Améliorer la réception des informations

MAINTENANT QUE VOUS CONNAISSEZ les étapes de base et que vous avez commencé à pratiquer la communication intuitive, nous allons explorer des techniques plus avancées, qui vous aideront dans des situations particulièrement difficiles ou tendues.

## Comment reconnaître les informations intuitives

Si les informations que vous recevez comportent l'une de ces trois caractéristiques, elles sont sans doute exactes :

- l'information vous arrive immédiatement,
- l'information est inhabituelle, vous n'auriez jamais pu l'imaginer,
- l'information vous arrive comme une certitude.

Notez-les exactement comme vous les avez reçues. Voici quelques exemples illustrant ces caractéristiques.

## L'information vous arrive immédiatement

Parfois, on a une impression intuitive à propos d'un animal sans même lui avoir posé une question. C'est ainsi que fonctionne l'intuition : de façon imprévisible.

*Un jour, je me suis rendue chez une femme qui possédait un perroquet insupportable. Pendant que cette femme m'expliquait les problèmes que lui causait son volatile, j'ai eu tout à coup l'image d'un petit chat gris. J'ai ignoré cette image et j'ai commencé à communiquer avec le perroquet, en lui demandant ce qui n'allait pas. De nouveau, il m'a montré l'image du chat, en me répondant qu'il voulait un petit chat gris. Je me suis dit que c'était une erreur, car un volatile ne voulait sûrement pas avoir un chat dans les parages ! Mais j'avais beau chercher et poser des questions, je n'obtenais que cette image. Je finis par donner le résultat de ma communication à la femme qui m'avait demandé de venir et quelle ne fut pas ma surprise quand elle mentionna que son perroquet venait de perdre son vieux compagnon, qui était justement un petit chat gris !*

## L'information est inhabituelle

*Mon chien Dougal, aujourd'hui décédé, était un grand lévrier irlandais. J'avais l'habitude de demander à mes étudiants ce qu'il faisait quand il voyait de l'eau, car cela m'amusait beaucoup. En général, ils trouvaient l'une des habitudes bizarres de Dougal : a) il posait toujours son pied droit dans son bol d'eau quand il buvait ; b) il plongeait la truffe sous l'eau pour faire des bulles ; c) il chassait les insectes et les grenouilles en enfonçant la tête dans l'eau quand nous passions près d'une mare. Aucun de ces comportements n'est typique d'un chien. La plupart des étudiants pensaient que leur réponse était fausse, mais ils l'avaient écrite sur leur bloc-notes, car je leur avais demandé de tout noter.*

### L'information est une forme de certitude

Dans ce cas, vous ressentez intérieurement que la réponse obtenue est juste. Vous n'avez aucun doute. Cela m'arrive de temps à autre.

*Un jour, j'ai travaillé avec un chat qui s'était introduit dans la voiture d'un étranger. Le conducteur était parti et personne ne savait où il se trouvait. Quand j'ai contacté le chat, il m'a montré qu'on l'avait fait sortir de la voiture. Il m'a semblé qu'il se trouvait à une quinzaine de kilomètres au sud de sa maison. Le chat m'a dit qu'il était en train de revenir chez lui et qu'il connaissait le chemin. Je sus alors avec certitude qu'il allait revenir tout seul, ce qu'il fit peu de temps après.*

## Améliorer votre réceptivité

Toutes les techniques décrites dans les paragraphes suivants peuvent vous aider à augmenter votre capacité à recevoir des informations intuitivement. Je les ai découvertes dans des livres, à des stages, en travaillant avec des gens intuitifs ou en pratiquant moi-même.

## Devenez conscient de vos récepteurs intuitifs

Pete Sanders, auteur d'un livre sur les perceptions extrasensorielles, pense que nous possédons des récepteurs intuitifs invisibles. D'après lui, le récepteur qui permet de ressentir se situe dans la région du ventre. (À mon avis, il en existe un autre dans la zone du cœur). Les récepteurs pour entendre intuitivement se trouvent, comme des oreilles invisibles, juste au-dessus de nos oreilles physiques. Au milieu du front se situe le récepteur qui nous permet de voir les images qui nous sont envoyées intuitivement, et sur la tête se situe le récepteur qui nous permet de recevoir des informations comme si nous les savions, de façon globale.

Quand vous communiquez intuitivement, acceptez l'idée que vous avez tous ces récepteurs, qui, même s'ils sont invisibles, fonctionnent aussi bien que vos yeux, vos oreilles et vos autres organes des sens, et imaginez que vous ouvrez chacun d'eux.

## Alpha, Bêta, Delta, Thêta

Les chercheurs qui ont mesuré les ondes du cerveau des gens intuitifs ont remarqué qu'ils fonctionnaient dans la gamme des ondes thêta.

« Thêta » est l'état dans lequel nous sommes juste avant de nous endormir et au moment où nous nous réveillons. Trois autres ondes ont été remarquées en laboratoire : « bêta », qui correspond à notre état de veille normal, « alpha », qui correspond à l'état méditatif, et « delta », l'état dans lequel nous sommes quand nous rêvons.

L'une des techniques que j'ai trouvée consiste à donner au cerveau une indication somatique pour lui signifier de se mettre en onde thêta. Quand vous vous endormez, vos yeux se tournent automatiquement vers le haut. Dans une certaine mesure, vous pouvez inciter le cerveau à se mettre en thêta en fermant les yeux et en les tournant légèrement vers le haut. Essayez juste une fois, et très doucement. Ne faites aucun effort et ne cherchez pas à maintenir cette position. En fait, vous donnez simplement une suggestion somatique à votre cerveau. Personnellement, je combine ce léger mouvement des yeux avec la visualisation d'un lien allant du sommet de ma tête vers la connaissance universelle.

Pour vous mettre en onde thêta, il faut que vous soyez détendu. Voici une technique pour se relaxer : respirez plus profondément, en ralentissant votre expiration. Ensuite, chaque fois que vous expirez, détendez consciemment une partie de votre corps, en commençant par les pieds – vous relâchez les muscles, les articulations et vous sentez les tensions sortir de vos pieds. Puis, remontez vers les chevilles, détendez-les, puis les mollets et les autres parties du corps en remontant vers le ventre, où vous sentez aussi les organes se relâcher. Au niveau du cœur, imaginez que vous vous libérez de toutes les tensions émotionnelles que vous retenez dans cet endroit. Au niveau de la tête, imaginez que vous relâchez toutes les pensées et les soucis. Après cela, vous devriez vous trouver dans un état de détente exceptionnel.

Vous pouvez pratiquer cet exercice aussi souvent que vous le désirez. Non seulement il vous permettra d'accéder plus facilement à votre intuition, mais il améliorera aussi votre bien-être en général.

## Ne faites pas de suppositions

Qu'il s'agisse d'humains ou d'animaux, j'ai la même attitude quand je les vois pour la première fois : j'essaie de ne pas faire de supposition basée sur l'apparence. Je m'efforce d'avoir l'esprit ouvert et d'apprécier la personnalité unique de chaque individu. Bien sûr, si j'ai une première impression négative, je ne l'ignore pas. Si je sens qu'un animal ou un humain constitue une menace pour moi, j'adopte aussitôt le comportement qui convient à la situation.

Lorsque je juge *a priori* un animal en me basant sur l'espèce, la race, le sexe ou l'âge, j'obtiens en général des résultats erronés. Les gens qui s'occupent de refuges pour animaux savent bien que les Labrador ne sont pas toujours les chiens les plus sympathiques et que les pur-sang arabes ne sont pas toujours les plus nerveux. Essayez de reconnaître vos préjugés et évitez de réagir en fonction de ces idées préconçues.

## Si vous ne recevez aucune information

Pour recevoir des informations, il faut admettre que chaque impression, chaque sensation perçue est potentiellement valide, même si elle semble hors sujet, bizarre, absurde, évidente ou superficielle. Pour apprendre à bien recevoir, il faut se demander constamment : « Qu'est-ce que je perçois ? Qu'est-ce que je ressens ? Quelle image, quelle pensée, quel son, quelle odeur est-ce que je reçois ? », etc.

Si vous avez l'impression d'être bloqué, parce que rien ne vous vient, notez-le. Quand vous discuterez plus tard avec le partenaire humain de l'animal, vous apprendrez peut-être que l'animal est renfermé, qu'il ne communique avec personne, ce qui expliquerait pourquoi vous vous sentiez bloqué vous-même pendant la communication.

Si vous pensez tout à coup à vos factures, notez-le. Il se peut que la personne ait des problèmes d'argent et que l'animal s'en inquiète. Si vous avez envie de vous gratter le dos, notez-le. Et ainsi de suite… Notez tout. Le moindre bout d'information peut être approprié.

## Évaluez votre style

Observez la façon dont vous pratiquez la communication intuitive et évaluez votre style personnel en écrivant sur votre bloc-notes les réponses aux questions suivantes :

- Quel est le mode de réception le plus facile pour vous ? Êtes-vous davantage visuel, ou plutôt auditif? Ressentez-vous ce qui se passe, ou bien avez-vous une certitude intérieure ?
- Qu'est-ce qui interfère le plus souvent avec votre communication ou qu'est-ce qui la bloque ?
- Quels sont les aspects de ce travail qui sont les plus difficiles pour vous ?
- Qu'est-ce qui vous confirme que vous avez bien contacté l'animal ?
- Quels sont les indices qui vous montrent que vous recevez des informations justes ?

Si vous vous sentez bloqué, ou frustré, revenez toujours au mode de réception qui vous est le plus facile.

## Travaillez avec un guide

Certaines personnes sont attirées par les questions spirituelles. Si ce n'est pas votre cas, sautez ce paragraphe et lisez directement le suivant.

Les guides et les aides peuvent être de toute sorte : anges, êtres chers décédés, animaux décédés, animaux totems, etc. L'une de mes étudiantes me dit un jour que son guide était un grand chêne auquel elle confiait tous ses secrets étant enfants. Ces aides sont uniques pour chaque personne. Si vous n'en avez pas et que vous souhaitez en trouver un, faites l'exercice indiqué à la fin de ce chapitre.

# Maintenir le contact

Voici différentes techniques destinées à améliorer votre contact avec un animal pendant que vous pratiquez la communication intuitive.

## Imaginez que vous vous trouvez avec l'animal

Vous n'avez pas besoin de visualiser l'animal si cela vous est difficile, il vous suffit de sentir sa présence devant vous. Imaginez que vous l'appelez, ou bien que vous vous approchez de lui, puis que vous lui lancez une balle, que vous lui donnez une friandise, ou une caresse. Voyez ce qui se passe en vous. Quelles sensations, quels sentiments éprouvez-vous vis-à-vis de l'animal ? Gardez vote cœur ouvert, envoyez-lui de l'amour afin d'établir le contact avec lui. Vous pouvez découvrir beaucoup de choses à propos de la personnalité d'un animal au cours de ce processus. Une fois la relation établie, vous pouvez commencer à communiquer.

## Demandez des informations plus précises

Si les informations que vous recevez sont confuses ou vagues, vous pouvez toujours demander à l'animal de vous les envoyer d'une autre façon, ou bien de vous donner des explications. Si vous n'obtenez que des réponses monosyllabiques – ce qui était mon cas quand j'ai commencé – n'hésitez pas à demander des phrases plus complètes. Parfois, les gens sont si contents de recevoir des réponses, même s'il ne s'agit que d'un « oui » ou d'un « non », qu'ils ne pensent pas à demander des détails.

Ouvrez votre cœur afin que l'animal puisse se rendre compte que vous êtes digne de confiance.

## Surmontez les résistances

On m'avait demandé de communiquer avec un chat à distance et je ne voyais qu'une image de lui dans laquelle il me tournait le dos et m'ignorait complètement. Quand j'indiquais cela aux personnes avec lesquelles il vivait, elles éclatèrent de rire en me disant que leur chat se comportait ainsi avec tous les étrangers.

À mon avis, la raison principale pour laquelle un animal ne souhaite pas communiquer est la peur. Si un animal a été maltraité dans un foyer précédent, il peut vous considérer comme potentiellement dangereux, même si vous tentez de communiquer avec lui à distance, sans être physiquement présent. Si vous vous heurtez à ce genre de résistance, n'insistez pas. Recommencez depuis le début. Ouvrez votre cœur afin que l'animal puisse se rendre compte que vous êtes digne de confiance. Expliquez-lui vos intentions, puis demandez-lui pourquoi il ne souhaite pas communiquer. Discutez-en avec lui et voyez si vous pouvez résoudre la situation.

Parfois, un animal ne veut pas partager ce qu'il sait. Dans ce cas, promettez-lui de garder secrètes les informations qu'il vous donnera et voyez si vous pouvez l'aider dans son problème. S'il refuse toujours, remerciez-le et cessez de le déranger. Envoyez-lui simplement de l'amour et rompez le lien que vous avez établi.

## Concentrez-vous

Quand votre esprit a tendance à vagabonder, ou quand vous sentez que le contact avec l'animal faiblit, retournez à l'étape dans laquelle vous sentiez la présence physique de l'animal dans votre imagination et renouez le lien à ce niveau-là avant de continuer la communication intuitive. Si vous avez tendance à vous assoupir, peut-être souffrez-vous de problèmes physiques dont il faudrait vous occuper, ou bien d'un manque de sommeil chronique. Si cela vous arrive uniquement quand vous fermez les yeux, vous pouvez pratiquer la communication intuitive en gardant les yeux ouverts. Baissez le regard vers le sol, ou bien regardez sans tension un arrière-plan neutre.

## Exercices

Dans les exercices suivants, vous allez vous servir de votre intuition pour travailler avec moi et avec Brydie, mon chien. Avant de commencer à pratiquer, concentrez-vous et entrez en contact. Pour cela, je vous rappelle les deux méthodes.

- *La plus brève:* inspirez profondément, sentez que vous vous reliez-vous à la connaissance universelle, ouvrez votre cœur et entrez en contact avec l'animal, et les yeux ouverts ou fermés, commencez à communiquer.
- *La méthode plus longue,* que vous pouvez suivre si vous doutez de vos capacités intuitives.

- Calmez votre esprit, inspirez, retenez un instant votre souffle, expirez doucement.
- Ancrez-vous en vous reliant au centre de la terre.
- Ayez une attitude positive : décidez que vous allez réussir en faisant une affirmation positive.
- Activez votre intuition : ouvrez-la et reliez-vous à la connaissance universelle.
- Entrez en contact avec l'animal : envoyez-lui de l'amour, de votre cœur au sien.
- Suivez votre intuition : notez tout ce qui vous vient, sans jamais juger.

Quelle que soit la méthode utilisée, n'oubliez pas de remercier l'animal en terminant la communication.

### 1er exercice : Avec Marta

En vous reliant à la connaissance universelle, demandez à recevoir des informations pour savoir si j'aime ou si je n'aime pas les choses dont je vous donne la liste ci-dessous. Imaginez-moi dans la situation indiquée et voyez le genre d'impression qui vous vient. Si vous n'en avez aucune, essayez de deviner, car de toute façon, il faut que vous écriviez quelque chose sur votre bloc-notes !

- Sauter en parachute
- Faire la cuisine
- Aller aux réunions d'anciens élèves du lycée
- Me lever tôt
- Nager dans l'océan
- La réglisse

Continuez en faisant l'exercice 2 avant de vérifier les réponses à la fin du livre.

### 2e exercice : Avec Brydie

Entrez en contact avec la connaissance universelle et demandez des informations concernant les goûts de Brydie. Notez vos impressions et si vous ne percevez rien, tentez de deviner si elle aime.

- Aller dans l'eau. Imaginez Brydie dans une mare peu profonde, une crique, un lac, ou l'océan. Comment la voyez-vous agir ? A-t-elle l'air d'aimer l'eau ? Reste-t-elle sur le bord ou sur la rive ? Veut-elle nager si vous lancez un bâton ou une balle dans l'eau ?
- Que voyez-vous ? Que ressentez-vous ?
- Les enfants : imaginez ma chienne avec des enfants d'âges différents et voyez comment elle réagit. Quelles images ou quelles sensations avez-vous ?

- Les carottes en guise de friandise : avez-vous l'impression qu'elle les aime ou qu'elle ne les aime pas ?
- Être brossée et peignée.

Vérifiez les réponses à ces deux exercices qui sont données à la fin du livre.

**3e exercice : Avec les animaux de vos amis**

Il est temps maintenant de tester vos capacités avec les animaux de vos amis. Indiquez bien à ces derniers que vous débutez dans le domaine de la communication intuitive et que vos résultats ne seront pas forcément exacts.

Choisissez au moins deux animaux différents, allez les voir ou bien obtenez une description incluant le nom, l'âge et le sexe pour chaque animal, ainsi qu'une liste de questions concernant ses goûts.

Cette fois, vous allez vous servir de l'approche directe, ce qui signifie qu'après vous être concentré et avoir pris contact avec l'animal, vous allez lui poser des questions directement. Si l'animal n'est pas physiquement avec vous, vous pouvez l'imaginer sur un grand écran devant vous. Prononcez son nom et imaginez que vous le caressez ou que vous lui donnez une friandise. Posez-lui les questions en pensée, par exemple : « Sacha, dis-moi si tu aimes les chats ? S'il te plaît, donne-moi une réponse bien nette. Merci. »

Après avoir posé une question, attendez de voir quel genre d'information vous arrive. Si vous n'en obtenez aucune, expliquez-le mentalement à l'animal et demandez-lui s'il peut rendre sa réponse plus claire. Vous pouvez aussi imaginer l'animal jouant dans un scénario, comme vous l'avez fait avec Brydie. Observez alors ce qui se passe, comme si vous regardiez un film. Si vous n'avez toujours aucune information, tentez de deviner et notez simplement ce que vous ressentez. Lorsque vous avez terminé, remerciez l'animal.

Vérifiez auprès de vos amis les informations reçues. Au lieu de les leur donner, demandez-leur d'abord les réponses, cela vous permettra de ne pas vous sentir sous pression. Félicitez-vous pour toute réponse correcte que vous auriez perçue. Explorez les informations que vous avez eues mais que vos amis n'ont pas mentionnées.

Pratiquez ce genre d'exercice avec le plus d'animaux possible.

Quelle que soit la méthode utilisée, n'oubliez pas de remercier l'animal en terminant la communication.

## Visualisation

### 4e exercice : Découvrez votre animal guide

Cet exercice vous permettra de trouver l'esprit animal qui peut vous aider dans votre travail. Ne faites cet exercice que si ce genre de chose vous intéresse. Voici plusieurs façons de le pratiquer :

- Lisez les instructions jusqu'à la fin, puis asseyez-vous ou allongez-vous, fermez les yeux et pratiquez l'exercice de mémoire.
- Demandez à quelqu'un de vous lire les instructions pendant que vous êtes assis ou allongé.
- Enregistrez les instructions sur un magnétophone, puis asseyez-vous ou allongez-vous, fermez les yeux et suivez les différentes étapes en écoutant l'enregistrement. Si vous voulez rendre la procédure un peu plus sophistiquée, vous pouvez ajouter le son d'un tambour comme musique de fond. N'oubliez pas de laisser du temps au moment des pauses indiquées dans le texte par des parenthèses.

## Pratique

*Fermez les yeux. Inspirez profondément. Imaginez que vous êtes en train de marcher sur un chemin, au bord de l'eau. Sentez la chaleur du soleil, l'odeur des fleurs et de l'herbe. Tout en marchant, suivez les méandres du chemin qui traverse une forêt. Peu à peu, vous vous rendez compte que les arbres sont de moins en moins nombreux et vous arrivez dans une vaste prairie. Vous voyez des montagnes à l'horizon. Il fait si chaud, l'herbe est si accueillante, que vous décidez de vous allonger et de faire la sieste.*
*(Pause d'une vingtaine de secondes, avec le son du tambour éventuellement).*
*Vous ignorez combien de temps votre sieste a duré et quelque chose vous incite à vous réveiller. Vous sentez que vous n'êtes plus seul dans cette prairie. Il y a un animal dans les environs, mais il n'est pas du tout menaçant, au contraire. Vous ouvrez les yeux pour le voir. C'est un animal que vous avez peut-être connu dans le passé, ou bien que vous n'avez encore jamais rencontré. Demandez-lui son nom, si vous ne le savez pas encore et pourquoi il est venu. Est-ce pour vous aider ?*
*(pause de trente secondes, avec tambour éventuel)*
*Cet animal va maintenant vous emmener faire un voyage et vous apprendre à vivre dans sa peau. Vous allez donc transformer votre forme humaine et prendre la forme animale qui est la sienne. Sentez les traits de votre visage qui commencent à changer, ainsi que vos pieds et vos mains, votre peau et tout votre corps. Vous avez désormais la forme de votre animal guide, et vous allez le suivre et voyager avec lui pour comprendre sa façon de vivre.*
*(pause de cinq à huit minutes, avec tambour éventuel)*
*Dites à votre guide qu'il est temps pour vous de revenir. Une fois dans la prairie, vous vous transformez de nouveau et vous reprenez votre apparence normale. Sentez votre corps, votre peau, vos cheveux, les traits de votre visage reprendre leur forme humaine.*

*Remerciez votre guide de vous avoir emmené faire ce voyage et demandez-lui s'il a un conseil à vous donner avant que vous ne partiez.*
*(pause de trente secondes)*
*Demandez-lui quand et comment vous pourrez le rencontrer de nouveau.*
*(pause de quinze secondes)*
*Demandez-lui comment vous pourriez travailler tous les deux ensemble. (pause de quinze secondes.) Puis offrez-lui un cadeau pour le remercier : un vrai cadeau, ou bien une promesse, un engagement, ou votre amour.*
*(pause de dix secondes)*
*Marchez maintenant sur le chemin du retour, qui traverse la forêt. Quand vous vous retournez pour jeter un coup d'œil à la prairie, vous constatez que votre guide a disparu. Poursuivez votre chemin jusqu'au bord de l'eau et retrouvez votre corps allongé. Étirez-vous, ouvrez les yeux, regardez autour de vous. Vous êtes éveillé, l'esprit vif et alerte.*

# IX
# De la pratique, encore et toujours

JUSQU'À PRÉSENT, VOUS AVEZ TRAVAILLÉ avec les animaux des autres pour apprendre à recevoir des informations intuitivement. Il est plus difficile de communiquer avec vos propres animaux, car vous les connaissez bien et vous pouvez avoir l'impression d'imaginer les informations qu'ils vous transmettent. Pour vous préparer à communiquer avec eux, ce que vous ferez dans le chapitre suivant, je vous invite à pratiquer davantage avec des animaux qui ne vous sont pas aussi familiers.

Si vous commencez à vous sentir en confiance, proposez à vos amis de les aider à résoudre les soucis éventuels que leur causent leurs animaux. Communiquez avec l'animal dont le comportement pose problème et écoutez ce qu'il a à dire pour sa défense. Ou travaillez avec un animal qui paraît affecté par un problème émotionnel et voyez ce que vous pouvez découvrir. Vous trouverez plus loin des exercices à ce sujet.

Mais si vous vous sentez inspiré et que vous avez envie d'un exercice totalement différent de ceux que je suggère dans ce livre, alors lancez-vous et inventez-le.

## Pratiquer partout

N'hésitez pas à pratiquer avec les animaux que vous voyez dans la journée, comme les chiens dans la rue, le bétail dans les champs, ou les animaux que vous rencontrez en vous promenant dans la forêt. Dans ce cas-là, vous n'aurez sans doute ni le temps ni la possibilité de fermer les yeux, de vous concentrer, ou de prendre des notes. Peu importe, pratiquez quand même. Il vous suffit d'entrer mentalement en contact avec l'animal et de lui transmettre un sentiment d'amour. Ensuite, soit vous regardez l'animal, soit vous gardez les yeux baissés vers le sol ou bien vous fixez un endroit neutre pour éviter d'être distrait visuellement. Puis vous posez une question ou vous adressez un message mental à l'animal.

Par exemple, vous pouvez lui dire que vous admirez sa beauté, son intelligence, ou sa souplesse... Les animaux apprécient autant les compliments que nous. Vous pouvez aussi lui indiquer mentalement que vous êtes en train d'apprendre la communication entre espèces et voir quelle est sa réaction. Il m'est arrivé de le faire et de voir l'animal se tourner pour me regarder fixement, l'air incrédule. Si vous avez un peu de temps devant vous – par exemple pendant que vous vous trouvez dans la salle d'attente d'un vétérinaire – essayez d'engager la conversation avec un animal. Gardez les yeux ouverts, concentrez-vous, entrez en contact et demandez-lui pourquoi il est venu voir le vétérinaire. Ensuite, posez la même question à son partenaire humain afin de vérifier si l'information que vous avez reçue intuitivement est exacte. J'ai souvent fait cela dans les jardins publics. Je m'asseyais sur un banc où se trouvait une personne qui avait un chien près d'elle, je demandais au chien quelle était sa nourriture préférée, puis je vérifiais la réponse auprès de la personne. Vous pouvez aussi demander à un animal s'il a des questions à vous poser, ou bien s'il a quelque chose de particulier à vous dire. Bien sûr, vous assumez que tout ce que vous recevez intuitivement provient de l'animal, sinon vous serez dans le doute en permanence. Si l'un de vos amis lit ce livre en même temps, ou s'il est simplement désireux de pratiquer les exercices, vous pourriez travailler avec lui sur les mêmes animaux et comparer vos résultats. Le fait de travailler avec une ou plusieurs personnes améliore souvent les capacités intuitives. Plus vous pratiquerez, meilleurs seront vos résultats, c'est aussi simple que cela.

Suzanne Martin, qui pratique la communication intuitive avec les animaux depuis plusieurs années, obtient d'excellents résultats. Voici l'histoire qu'elle m'a envoyée.

*Je viens de passer un week-end fort intéressant à Fort Worth, au Texas, avec des amis. En début de soirée nous avons décidé de faire une promenade à cheval. En empruntant un chemin, nous avons entendu les gémissements d'un animal. Comme j'ai vécu dans une ferme, j'ai compris aussitôt qu'il s'agissait d'une chèvre qui devait avoir un problème. Nous l'avons cherchée un peu partout, sans réussir à la localiser.*

*Au bout d'une petite heure de promenade, sur le chemin du retour, nous avons entendu de nouveau les gémissements, mais plus forts qu'avant. J'ai crié : « Tu es coincée ? » Je vous jure que dans ma tête, j'ai entendu « Oui ! ». J'ai crié de nouveau « Tu as besoin d'aide ? » et cette fois encore, ce fut un « Oui. » J'ai demandé : « Où es-tu ? » et j'ai entendu « Ici ! ». Mon attention a été aussitôt attirée derrière moi vers la gauche. En examinant l'horizon, j'ai aperçu quelque chose qui ressemblait à la tête d'un animal, très loin au sommet d'une colline.*

*J'ai prévenu mes amis : « Il y a une chèvre là-bas, elle est coincée et elle a besoin de nous ! » En nous approchant de la chèvre, nous avons effectivement vu qu'elle était coincée dans un quadrillage de fil de fer et qu'elle ne pouvait absolument pas se libérer sans aide. Lorsqu'elle s'est enfin trouvée libre, elle a fait quelques pas vers moi et m'a remerciée. Je lui ai dit que j'avais été heureuse de pouvoir l'aider et qu'elle ferait mieux d'aller retrouver son troupeau rapidement car la nuit tombait et les coyotes risquaient de l'attaquer. Elle s'est aussitôt éloignée en trottant et en appelant le troupeau.*
*Je n'avais jamais entendu le message d'un animal aussi clairement. Mes amis savent que je suis intuitive, pourtant, cette fois-là, ils ont été stupéfaits.*

## Exercices : Parler aux animaux de vos amis

Essayez de travailler avec des animaux dont vous ne savez pratiquement rien. Il vous suffit d'avoir une photographie, ou une description. Si vous travaillez à partir d'une description, demandez le nom, la race, l'âge, le sexe de l'animal. Cela vous permettra de savoir à peu près à quoi il ressemble.

Avant chaque exercice, faites les étapes de concentration et de contact (version longue ou courte) résumées au chapitre VIII. N'oubliez pas de remercier l'animal en terminant la communication.

### 1er exercice : Personnalité, goûts et préférences

Demandez directement à l'animal de vous décrire sa personnalité et de vous dire ce qu'il aime ou non. Notez toutes vos impressions. Vérifiez vos réponses.

**2e exercice : « Est-ce que tu aimes... ? »**
Demandez à vos amis de vous donner une liste de questions précises et vérifiables et demandez les directement à l'animal. Notez vos impressions, vérifiez vos réponses.
Les exercices suivants exigent de la part des animaux des réponses plus élaborées qu'un simple « Oui » ou « Non ».

**3e exercice : Parle-moi de toi**
Après avoir posé une question, notez vos impressions. Vérifiez les réponses quand vous avez terminé l'exercice.

- Qu'est-ce que tu as de spécial, à ton avis ?
- Quelle est ton activité préférée ?
- Qu'est-ce que tu fais le mieux ?
- Qu'est-ce qui te rend triste ?
- Qu'est-ce qui te rend heureux ?

**4e exercice : Parle-moi de ton partenaire humain**
- Décris-moi sa personnalité
- Qu'est-ce qu'elle (ou il) fait qui t'amuse ?
- Est-ce qu'elle (ou il) a des problèmes particuliers en ce moment ?
- Qu'est-ce que tu changerais chez ton partenaire humain si tu le pouvais ?
- Quelle est ton activité préférée quand tu es avec elle (ou lui) ?

**5e exercice : Raconte-moi ta vie**
- Peux-tu me montrer ou me dire à quoi ressemble ta maison ?
- Y a-t-il d'autres animaux qui y vivent avec toi ? Lesquels ?
- Tu aimerais qu'il y ait plus d'animaux chez toi ? Si oui, lesquels ?
- Y a-t-il eu du changement dans ta vie, récemment ?
- Qu'est-ce que tu aimerais changer dans ta vie si tu le pouvais ?

Les exercices suivants sont destinés à résoudre certains problèmes.

### 6e exercice : Mauvais comportement

Si vous avez l'occasion de parler à un animal qui a un problème de comportement, commencez par lui demander ce qui ne va pas et pour quelle raison il se comporte ainsi. Aidez ensuite son partenaire humain à trouver des méthodes positives pour résoudre le problème.

### 7e exercice : Bouleversement émotionnel

S'il s'agit d'un animal perturbé du point de vue émotionnel, parlez-lui et tentez de savoir pourquoi il est dans un tel état. Demandez-lui ce qu'il lui faudrait pour se sentir mieux, discutez-en avec son partenaire humain.

Maintenant, il s'agit de pratiquer avec des animaux que vous rencontrez au cours de vos activités quotidiennes.

### 8e exercice : Faire un compliment

Les yeux ouverts, envoyez à l'animal un mot de bienvenue et aussi un compliment au sujet de son apparence ou d'un aspect qui vous plaît. Expliquez-lui que vous êtes en train d'apprendre à communiquer avec les animaux.

### 9e exercice : Demandez des informations

Les yeux ouverts, demandez à l'animal s'il a une question à vous poser ou quelque chose à vous dire. Répondez de votre mieux, puis posez-lui des questions spécifiques. Par exemple, pourquoi il est allé chez le vétérinaire la semaine dernière, ou bien quel est son aliment préféré. Vérifiez ensuite les réponses avec son partenaire humain.

**10e exercice : Travaillez avec une autre personne**
Essayez de pratiquer certains exercices avec un ami ou avec un groupe d'amis, en travaillant avec les mêmes animaux. Ensuite, comparez les réponses que vous avez obtenues et prenez confiance en vous !

## Questions types à poser

### À tous les animaux

- Qu'est-ce que tu aimes ? Qu'est-ce que tu n'aimes pas ?
- Est-ce que tu as besoin – ou envie – de quelque chose en particulier ?
- Est-ce que tu apprécies les autres animaux de ton espèce ?
- Qui sont tes meilleurs amis ?
- Quelles sont les personnes que tu aimes tout particulièrement ?
- Voudrais-tu dire quelque chose de spécial à ton partenaire humain, ou à moi-même ?
- Est-ce que tu aimes les enfants ?
- Est-ce que tu aimes des animaux appartenant à d'autres espèces ? Lesquels ?
- Quelle est ton activité favorite ?
- Quels sont les endroits que tu préfères ?
- Aimes-tu le vétérinaire ?
- Quel âge as-tu ?
- Décris-moi l'endroit où tu vis.
- Quels sont tes aliments préférés ?
- Est-ce que tu aimes l'eau ?
- Est-ce que ton nom te plaît ?
- Décris-moi les principaux traits de ta personnalité.
- Qu'est-ce qui te fait peur ?

### Questions spécifiques à poser aux chiens

- Aimes-tu faire la chasse aux chats ?
- Vas-tu à des cours de dressage ?
- Aimes-tu le transport en voiture ?
- Est-ce que tu pars en vacances ?
- Est-ce que tu es gentil avec les autres chiens ?
- Où aimes-tu te promener ?
- As-tu déjà vu la mer ?
- As-tu été près d'un lac ?

### Questions spécifiques à poser aux chats

- Est-ce que tu chasses ?
- Aimes-tu ton foyer ?
- Es-tu plutôt un chat d'intérieur, ou plutôt un chat d'extérieur ?
- Qu'est-ce que tu penses des chiens ?
- Dors-tu dans un panier ?
- Miaules-tu souvent ?
- Aimes-tu la musique ?

### Questions spécifiques à poser aux chevaux

- As-tu une couverture quand il fait froid ?
- As-tu déjà été maltraité ?
- Cela t'embête-t-il de monter dans un van ou dans un camion ?
- Qu'est-ce que tu manges ?
- Sais-tu sauter ?
- As-tu déjà eu un poulain ? (pour les juments)
- Fais-tu des balades ?
- Dors-tu dans un box ?
- Aimes-tu le maréchal-ferrant ?

QUATRIÈME PARTIE

# Applications spécifiques

# X
# Comment communiquer avec vos propres animaux

Si vous avez un animal chez vous, vous l'avez peut-être surpris en train de vous regarder fixement. Vous devinez qu'il essaie de vous dire quelque chose, mais vous n'arrivez pas à comprendre ce que cela peut être.

*J'ai eu ce genre d'expérience avec mes deux chattes, Hazel et Jenny. Je venais de prendre une douche et je m'apprêtais à m'habiller dans ma chambre quand j'ai vu les deux chattes assises l'une à côté de l'autre qui me contemplaient fixement. Comme je savais qu'elles avaient quelque chose à me dire, je leur ai lancé : « D'accord, les filles. Allez-y… Qu'est-ce qu'il y a ? » En réponse, je ressentis un flot de compassion venant de leur part. Elles étaient vraiment désolées pour moi, parce que je n'avais pas une belle fourrure comme la leur et que je n'étais pas aussi fine et souple. Du moins, c'est ce que je crois avoir entendu ! Car vous voyez, le problème essentiel, quand vous communiquez intuitivement avec vos propres animaux, c'est qu'il est difficile de vérifier les réponses. Ce chapitre peut vous aider à recevoir avec confiance leurs communications.*

## Les difficultés à surmonter

Quand vous travaillez avec vos animaux, vous savez déjà tout – ou presque – sur eux. Donc, quand vous essayez de leur parler, votre cerveau gauche – celui de l'esprit logique – risque d'interférer. Vous luttez contre l'impression que vous êtes en train d'imaginer des choses, en vous basant sur ce que vous connaissez déjà à propos de vos animaux. Parfois, vous pouvez résoudre ce problème en obtenant une confirmation de la part de l'animal : par exemple, il adoptera un comportement différent après que vous avez parlé avec lui, ce qui prouvera qu'il vous a entendu.

*Ma sœur Anne m'a raconté l'expérience qu'elle a eue avec Oliver, son cheval. Tandis qu'il était occupé à faire ce qu'il aimait par-dessus tout, c'est-à-dire manger, elle lui a dit : « Oliver, si tu es vraiment mon ami, je t'en prie, viens me donner un bisou. » Eh bien, Oliver s'est arrêté tout net de manger – ce qui est un miracle en soi – pour s'approcher et poser la tête sur le cou de ma sœur. On ne peut pas toujours avoir une confirmation aussi précise, mais quand on l'a, on est vraiment convaincu !*

Par ailleurs, comme vous entretenez une relation affective avec votre animal, il vous sera plus difficile de demeurer objectif dans votre communication. Si vous devez lui parler d'un comportement qui vous agace, pourrez-vous rester neutre ? Dans ce cas, il peut être utile de demander à une autre personne, qui pratique également la communication intuitive, de se charger de la tâche.

# Les méthodes pour travailler avec son animal

Commencez par lui expliquer que vous apprenez à recevoir intuitivement les informations qu'il pourrait vous donner et que vous avez besoin de son aide. N'oubliez pas de lui parler comme s'il comprenait absolument tout. Votre but, maintenant, c'est d'être capable d'entendre ses messages et d'avoir en définitive une vraie conversation avec lui.

Voici deux principes de base qui vont vous aider à recevoir clairement les informations que vous donne votre animal :

> Quand vous travaillez avec vos animaux, vous savez déjà tout — ou presque — sur eux.

## Principe 1

*Si vous pensez que votre animal essaie de vous parler, c'est qu'il le fait. Si vous avez l'impression, même minime, qu'il a quelque chose à vous dire, prenez le temps de communiquer avec lui.*

## Principe 2

*Quelle que soit l'information reçue, décidez qu'elle provient de l'animal. Quand vous communiquez avec lui, assumez l'idée que toutes les impressions, les sensations, les mots, les images ou les émotions qui vous arrivent ont été envoyés par lui. Ne mettez pas en question ces informations. Répondez-y simplement du mieux que vous pouvez, comme si toute cette communication était totalement réelle et précise. Si vous n'acceptez pas tout de suite ce que vous recevez, vous allez essayer d'y réfléchir et vous finirez par avoir des doutes, de la confusion, ou un blocage mental.*

## Techniques

Voici quelques techniques pour travailler avec vos animaux. J'en ai inventé certaines, les autres ont été découvertes par mes étudiants. Essayez-les, afin de choisir celles que vous préférez.

Pratiquez-les régulièrement et bientôt, vous percevrez tout naturellement les messages que vous envoient vos animaux.

### Entrez en contact

Quand vous travaillez avec les animaux qui vivent chez vous, il est inutile d'observer toutes les étapes de la procédure destinée à vous concentrer et à vous relier à l'animal, car vous êtes déjà en contact avec lui. Vous pouvez donc commencer la communication directement, les yeux ouverts et le regard baissé ou flou, ou bien les yeux fermés. Vous pouvez parler à voix haute à votre animal, ou bien lui envoyer un message mentalement, sous forme de pensées, d'images, de sentiments… Il recevra ce message quel que soit le mode choisi, que vous soyez près de lui ou bien à des milliers de kilomètres.

### Posez-lui une question ou demandez-lui son avis

Au départ, il vaut mieux aller au plus simple. Ne cherchez pas à résoudre le problème majeur de votre chien ou de votre chat au cours de votre première communication. Pratiquez plutôt comme s'il s'agissait d'un jeu qui soit aussi facile et amusant pour vous que pour lui. Pour cela, vous pouvez lui demander s'il a envie de vous poser une question.

Si vous n'obtenez rien, recommencez le jour suivant. Quand vous percevrez la question, décidez qu'elle vient de l'animal et répondez-y du mieux que vous pouvez, puis demandez-lui s'il en a d'autres. J'ai tendance à répondre à voix haute aux questions que me posent mes animaux. Cela rend la communication encore plus réelle. En pratiquant cet exercice, vous finirez par converser avec vos animaux de façon spontanée.

Vous pouvez également leur demander de vous envoyer des impressions. Parfois, cet exercice peut se transformer en un échange intuitif. L'une de mes techniques préférées consiste à leur demander leur avis, que ce soit à propos de la décoration d'une pièce, d'une décision à prendre, ou même d'événements internationaux. Acceptez la réponse comme si elle provenait réellement de votre animal et continuez à communiquer du mieux possible.

## Croyez à ce que vous recevez

Le plus important, quand on dialogue avec son animal, c'est de croire aux informations que l'on reçoit. Dans l'exemple suivant, vous allez voir comment cette technique a fonctionné pour d'autres personnes.

Sarah Reid m'a envoyé cette histoire après avoir participé à mon stage pour débutants.

*Verdi, mon pur-sang Arabe de vingt ans, s'est mis à boiter. Je lui ai demandé s'il avait mal au pied et il m'a répondu que son pied droit le faisait souffrir. J'ai reçu l'impression d'une blessure causée par une pierre. J'ai donc demandé au vétérinaire de passer le voir et ce dernier m'a déclaré que Verdi avait sans doute un abcès en train de se former au pied gauche et qu'il fallait retirer son fer, ce que nous avons fait. J'ai donc pensé que je n'avais pas perçu correctement le message de Verdi. Comme il ne semblait pas avoir d'abcès et qu'il allait bien, je lui ai remis son fer au bout d'une dizaine de jours. Lorsque le maréchal-ferrant est venu pour lui parer les pieds et lui changer ses fers, comme il le fait régulièrement, il m'a indiqué que le pied droit de Verdi était*

*affecté par ce qu'on appelle la maladie de « la ligne blanche » et que cela devait provenir d'une blessure causée par une pierre qui n'avait pas été soignée.*
*Jamais je n'aurais dû douter de moi, après avoir reçu le message de Verdi !*

Et voici une autre histoire, envoyée par Myrna Krohn. Souvenez-vous : vous avez déjà rencontré Myrna et Bear, l'un de ses chevaux, au chapitre V.

*J'entends de temps à autre Bear qui me parle quand nous faisons ensemble des séances d'entraînement. Un jour, j'essayais de lui faire faire certains pas de dressage dans la carrière, mais il n'arrivait pas à tourner correctement à droite. Tout à coup, je l'ai entendu me dire : « redresse ton épaule droite ! », ce que j'ai aussitôt fait. À partir de ce moment-là, il a réussi à tourner sans problème. Il était si content de lui qu'il s'est mis à faire des bonds de joie et à hennir, comme s'il voulait annoncer à tout le monde qu'il avait réussi à corriger l'attitude de sa cavalière ! Maintenant, avant chaque concours, nous avons une petite conversation, ce qui nous permet d'être ensuite tout à fait détendus. L'attitude de Bear a complètement changé depuis qu'il sait qu'il peut donner son avis sur ce que je lui demande. Et je ne prends plus jamais ses bonds de joie pour de la désobéissance.*

## Questions sans importance

L'une des autres techniques qui peut vous aider à pratiquer au début consiste à poser à l'animal des questions sans importance, voire amusantes. Bien sûr, ayez foi dans les réponses que vous recevez.

L'une de mes étudiantes essaya cette technique pour apprendre à communiquer avec son cheval. En revenant d'un cours privé qu'elle avait pris chez moi, elle communiqua à distance avec son cheval et lui demanda quelle était sa couleur favorite. Elle fut surprise quand elle perçut la couleur bleue, car c'était celle qu'elle n'aimait pas, ce qui lui fit penser que l'information venait bien de l'animal. Avant de rentrer chez elle, elle s'arrêta dans une sellerie et acheta un superbe licol bleu clair. Quand elle passa le licol autour de la tête de son cheval, elle se rendit compte qu'il était ravi et que la couleur lui allait à merveille.

## Soyez vigilant et captez les messages de vos animaux

Les animaux nous envoient des messages intuitifs tout le temps, mais nous ne les écoutons pas souvent. Toutefois, nous réagissons à leurs messages inconsciemment, lorsque nous emplissons leur gamelle d'eau, ou quand nous leur ouvrons la porte pour qu'ils aillent dehors, tout en pensant que c'est nous qui en avons eu l'idée. Pour vous sensibiliser aux messages de vos animaux, faites attention à vos perceptions intuitives, à vos impressions et sensations. Dès que vous avez le sentiment qu'ils essaient de vous dire quelque chose, suivez votre intuition et engagez la communication.

Myrna Krohn m'a raconté une autre histoire à propos de son cheval Ecstaz, qu'elle venait d'acheter, et qui avait subi beaucoup de stress et d'angoisse chez ses précédents propriétaires.

*Je suis partie passer quelques jours chez ma sœur, pour l'aider au moment de son accouchement. Quand je suis revenue chez moi, je suis allée dire bonjour à mes chevaux dans l'écurie. Avant même de franchir la porte, j'ai été saisie par un terrible sentiment d'angoisse et j'ai su que Ecstaz avait un problème. Quand je me suis approchée de lui, il a mis sa tête contre ma poitrine, comme il le fait souvent, et il a fermé les yeux. Je l'ai tenu contre moi en fermant également les yeux. À ce moment-là, j'ai entendu sa voix, une voix désespérée, qui me disait : « Pourquoi est-ce que tu ne m'as pas prévenu que tu t'en allais ? J'ai eu tellement peur que tu ne reviennes pas ! » Je suis restée longtemps avec lui pour le rassurer et je lui ai affirmé qu'il resterait chez moi jusqu'à la fin de ses jours. Je lui ai dit que même si je devais repartir, je reviendrai toujours. Désormais, je préviens mes animaux avant un départ et je leur dis quand je compte revenir. Je crois qu'il est important que tout le monde le fasse.*

## Prenez le temps de vous asseoir et d'accueillir ce qui vient

Nous sommes, pour la plupart, des actifs et même des hyperactifs. On nous félicite quand nous faisons un maximum de choses et que nous dépassons nos limites. Mais cela ne sert à rien dans le domaine intuitif. Vous aurez bien plus de succès si vous flânez et si vous rêvassez, bref, si vous traînez parfois sans rien faire de particulier.

Prenez le temps d'être avec votre animal
sans horaire ni emploi du temps,
sans objectif et sans attente.

## Exercice : Comment parler avec vos animaux

Les exercices suivants incluent toutes les techniques décrites dans ce chapitre. Essayez-les et voyez comment elles fonctionnent pour vous. Si vous avez plusieurs animaux n'hésitez pas à faire ces exercices avec chacun d'eux et à les pratiquer régulièrement.
Vous pouvez sans doute entrer directement en contact avec l'animal sans avoir à passer par toutes les étapes intermédiaires résumées dans le chapitre VIII, mais si vous en avez envie, faites-les. Tentez de communiquer en gardant les yeux ouverts. Tout en écoutant intuitivement, n'oubliez pas de tout noter.

### 1er exercice : Expliquez ce que vous faites

Indiquez à votre animal que vous souhaitez dialoguer avec lui de façon intuitive et invitez-le à vous aider.

### 2e exercice : Demandez une impression

Proposez à votre animal de vous envoyer :

- une image
- une émotion
- un mot
- une sensation
- une odeur
- un goût
- une pensée

### 3e exercice : Posez une question

Demandez à l'animal s'il a envie de vous poser une question. Soyez attentif. Quelle que soit la question qui vous vient, répondez-y comme si elle venait de sa part. Voyez s'il a d'autres questions à vous poser et continuez jusqu'à ce que vous ayez répondu à toutes ses questions.

### 4e exercice : Posez des questions sans importance

- Quelle est ta couleur favorite ?
- Parmi mes amis ou les membres de ma famille, quels sont ceux que tu préfères ?
- À quoi rêves-tu ?
- Où souhaiterais-tu aller en vacances ?
- Quelle est ta saison préférée ?
- Si tu pouvais te transformer, quel genre d'animal souhaiterais-tu être ?

### 5e exercice : Demandez-lui son avis

Demandez à votre partenaire animal de vous donner son avis ou un conseil à propos de quelque chose que vous êtes en train de faire – ou de tout autre sujet. Répétez-lui à voix haute ce que vous avez l'impression d'avoir perçu.

### 6e exercice : Améliorez la communication

Imaginez le jour où vous converserez facilement avec lui, faites-vous un petit film à propos de cette expérience – la scène idéale – et rendez-le aussi réel que possible. Prévenez votre animal que c'est là votre rêve et voyez avec lui comment le réaliser. Ensuite, posez-lui les questions suivantes :

- Y a-t-il quelque chose qui s'est produit dans le passé et que tu souhaites me faire savoir ?
- As-tu un problème que je devrais connaître ?
- Qu'est-ce que tu ressens à mon égard ?

### 7e exercice : Communiquez quand il en a envie

Affinez votre intuition quand vous vous trouvez avec votre animal. Essayez de percevoir ce qu'il ressent au cours de la journée. Si vous avez l'impression qu'il a envie de communiquer, soyez disponible pour cela.

### 8e exercice : Asseyez-vous et voyez ce qui se passe

Débrouillez-vous pour avoir un moment sans contrainte, sans rendez-vous, et sans souci particulier. Décidez de passer au moins une demi-heure auprès de votre animal. Observez-le et lâchez prise de toutes vos attentes éventuelles. Soyez simplement satisfait d'être là, avec lui, totalement dans le moment présent.

# XI

# Passé, présent et futur

MAINTENANT QUE VOUS AVEZ APPRIS à percevoir les messages de vos partenaires animaux, vous pouvez affiner et approfondir encore votre communication et explorer avec eux des sujets plus vastes.

## Découvrir le passé

En retrouvant, grâce à la communication intuitive, les expériences vécues par un animal, vous aidez à la fois celui-ci et les personnes qui le gardent au refuge ou qui sont susceptibles de l'adopter. Si un animal a été maltraité, il est important de savoir ce qui s'est passé et ce qui risque de stimuler à nouveau ses peurs ou ses souvenirs. Ainsi, vous pourrez le rassurer et voir ce dont il a besoin pour pouvoir donner de nouveau sa confiance à un humain et se sentir en sécurité.

C'est ainsi que j'ai pu aider Jody et Mike Jones, qui s'occupent d'un refuge pour chiens à Sacramento, en Californie. Ils venaient de récupérer Dodger, un mâle, qui semblait trop dangereux pour être adopté. Ils avaient eux-mêmes peur de rentrer dans son chenil, car il mordait. Dodger ne les regardait jamais dans les yeux, et quand on l'approchait, il devenait si méchant qu'ils se demandaient s'ils n'allaient pas devoir l'euthanasier. C'était la première fois qu'ils songeaient à cette éventualité.

Quand je suis entrée en contact avec Dodger, j'ai perçu des images et des émotions à propos de son passé. Je l'ai vu dans un chenil étroit, avec une femme qui semblait avoir très peur de lui et qui le repoussait avec un bâton quand elle lui jetait de la nourriture. (Ces détails, Jody a pu les vérifier plus tard.) En communiquant avec lui, je n'ai pas eu l'impression qu'il était méchant envers les humains, mais plutôt qu'il était terrifié et terriblement déprimé. J'ai suggéré à Jody d'expliquer au chien la situation, en lui parlant à voix haute et de lui indiquer le comportement qu'elle attendait de lui afin de pouvoir le garder. Elle devait aussi lui dire ce qui se passerait s'il ne changeait pas son attitude. Pour communiquer avec lui, elle devait s'asseoir près de son chenil, fermer les yeux, lui ouvrir son cœur et lui envoyer de l'amour.

Je lui ai recommandé de changer le nom du chien. Il me semblait que son nom actuel était tellement associé à son passé et à ses mauvaises expériences, qu'il réagissait automatiquement d'une certaine façon quand il l'entendait.

Voici l'histoire que Jody m'a écrite par la suite.

*Dodger s'appelle désormais Tasman. Je lui ai dit que nous lui offrions une deuxième chance et j'ai imaginé que je lui envoyais de l'amour du plus profond de mon cœur vers son cœur, comme vous me l'aviez suggéré. Il y a eu un changement immédiat dans son comportement. Il a cessé de s'agiter dans tous les sens et, peu à peu, il a commencé à me regarder dans les yeux. En quelques jours, cet animal féroce est devenu un chien souriant d'une oreille à l'autre. À cause de son passé, il a encore des problèmes avec les femmes et il y a certaines choses que je m'abstiens de faire avec lui, comme le caresser pendant qu'il mange, ou bien le toucher par-dessus ou à travers le grillage. Mais désormais, je lui fais confiance. Quand il me voit, il est heureux et il court vers moi pour m'accueillir. Il adore son nouveau nom. Il adore aussi mon mari, qui peut jouer avec lui, le brosser, et même lui faire des massages. Nous avons décidé de garder Tasman jusqu'à la fin de ses jours.*

Souvent, la personne qui gère un refuge et qui m'appelle pour travailler avec un animal possède des informations concernant les antécédents de ce dernier. Quand j'explore le passé d'un animal, je demande aux gens de ne pas me dire ce qu'ils en savent, car ensuite, je peux comparer ce que j'ai appris avec les renseignements qu'on leur a donné. Plus ces informations correspondent, plus nous sommes sûrs que les résultats que j'ai obtenus sont fiables. Parfois, quand personne n'a d'information à propos du passé d'un animal, celles que j'obtiens par la communication intuitive peuvent se trouver confirmées par le comportement de l'animal dans le temps présent.

En voici un exemple, fourni par Ali O'Neal après une consultation que j'ai faite pour Sammie, sa chienne âgée de huit ans.

*J'ai adopté Sammie dans un refuge il y a environ un an. Pendant votre consultation, elle vous a raconté qu'on l'avait donnée en cadeau à une dame d'une soixantaine d'années. D'après vous, cette femme adorait la chienne et la rendait très heureuse. Puis cette femme est tombée malade et elle est morte. Ensuite, Sammie aurait été hébergée par différents membres de la famille*

*qui ne savaient pas s'occuper d'elle, pour finir par être placée dans un refuge, où nous l'avons trouvée.*
*Peu après votre consultation, nous avons remarqué que pendant la promenade, Sammie se dirige toujours vers des femmes d'un certain âge et scrute leur visage, comme si elle leur demandait : « Est-ce que tu es ma maman ? ». Comme j'avais l'adresse de la famille qui l'avait déposée au refuge, j'ai fini par les appeler. Le fils de la dame chez qui était Sammie auparavant m'a répondu qu'effectivement sa mère est décédée après une longue maladie à l'âge de soixante-deux ans, et qu'elle adorait la chienne. Il l'avait achetée quand elle avait sept semaines et l'avait donnée en cadeau à sa mère. Il était enchanté de savoir que l'histoire de Sammie se terminait bien. Désormais nous prêtons davantage attention aux sentiments de Sammie et aux épreuves qu'elle a subies. Nous avons deux amies d'un certain âge qui aiment beaucoup la chienne et qui l'emmènent souvent se promener et elle semble vraiment heureuse !*

## Encore plus loin dans le passé

Beaucoup de gens croient à la réincarnation. J'avoue que je n'avais aucun avis sur le sujet il y a quelques années, mais au fur et à mesure de mes communications avec les animaux, je suis devenue de plus en plus persuadée du bien-fondé de cette idée.

Mais rassurez-vous : vous n'avez pas besoin de croire à la réincarnation pour communiquer intuitivement avec les animaux ! Je crois aussi que les animaux qui sont actuellement avec nous l'ont déjà été dans le passé.

*À ce sujet, voici une histoire qui m'est arrivée. J'ai récupéré Brydie, avec laquelle vous avez travaillé au chapitre VI, dans un refuge alors qu'elle avait cinq mois. Dès qu'elle est arrivée chez moi, elle a eu un comportement bizarre à mon égard. Chaque fois qu'elle le pouvait, elle me sautait sur le dos, s'agrippait à mes épaules et me léchait l'oreille. Cela me faisait toujours penser à un incident survenu douze ans auparavant. J'avais dû faire euthanasier Marka, ma vieille chienne, et en sortant de la clinique vétérinaire, je me suis engouffrée dans ma voiture et je suis restée assise sans bouger quelques instants, pour tenter de calmer mes émotions. J'ai eu soudain la vision de Marka m'apparaissant comme un tout jeune chiot, qui s'agrippait à mon épaule et me léchait l'oreille. À l'époque, j'ai pris cette vision comme un adieu de sa part. Ce qui m'a surprise, c'est que je l'avais adoptée alors qu'elle était déjà adulte et je ne l'avais donc jamais vue lorsqu'elle était un chiot. Aussi, chaque fois que Brydie me léchait l'oreille, je me demandais si elle n'avait pas été Marka auparavant. Comme je ne me sentais pas assez objective pour lui poser la question, j'ai prié l'une de mes collègues de le faire pour moi. Ma collègue me rappela dès qu'elle eut communiqué avec Brydie pour me dire : « Oui, elle dit qu'elle était Marka et elle se demande vraiment pourquoi il t'a fallu aussi longtemps pour t'en rendre compte ! » À partir de ce moment-là, Brydie n'a plus jamais eu ce genre de comportement avec moi, comme si elle n'en avait plus besoin puisque je l'avais enfin reconnue.*

La technique de base pour demander à un animal s'il a déjà vécu avec vous, mais dans un autre corps, est la même que pour toute communication intuitive : posez vos questions et notez vos impressions. En général, vous ne pourrez pas vérifier vos résultats, il s'agit donc simplement de pratiquer un exercice intéressant.

> Je crois aussi que les animaux
> qui sont actuellement avec nous
> l'ont déjà été dans le passé.

# Les animaux qui vivent avec nous

Vous pouvez maintenant avoir des échanges plus profonds avec vos animaux.

Si vous sentez qu'il existe un lien spécial entre votre animal et vous, demandez-lui s'il sait pourquoi vous êtes ensemble et s'il est d'accord sur les décisions que vous prenez pour lui.

Les paragraphes suivants vont vous aider à explorer ces sujets.

## Les animaux qui partagent notre vie ont un but

Je crois, pour ma part, que les animaux qui nous sont proches sont des enseignants et des partenaires spirituels. Ils nous apprennent à aimer inconditionnellement, comme ils le font eux-mêmes. Ils nous montrent comment nous relier à la nature et à être dans le moment présent. Parfois, ils ont un objectif supplémentaire vis-à-vis de nous. Je sais par exemple que Dylan, mon cheval, est venu m'apprendre à aider d'autres chevaux. Et que Jennifer, ma chatte, est mon professeur principal en communication intuitive. Maintenant que vous pouvez entendre vos animaux, vous pouvez leur demander pour quel objectif particulier ils ont choisi de vivre avec vous.

## Ils veulent un nom qui leur corresponde…

J'ai rencontré beaucoup de gens qui ont adopté des animaux en leur laissant leur nom d'origine, de peur qu'un changement ne les déstabilise. Or, l'animal sait toujours qui il est, indépendamment du nom qu'on lui donne. En revanche, je n'ai pas encore rencontré de chien, de chat ou de cheval, qui soit ravi d'être affublé d'un nom ridicule. De plus, quand vous adoptez un animal qui a été maltraité dans son passé, lui donner un nouveau nom est l'une des meilleures choses que vous puissiez faire pour l'aider à cicatriser ses plaies à tous les niveaux. Parfois, un changement de nom est une vraie thérapie. Ainsi, « Chi »[3], mon chat au pelage orange, était continuellement en train de se battre. Un jour, il me confia qu'il détestait son nom, et qu'il voulait s'appeler « Marmelade ». J'ai eu du mal à l'admettre, je l'avoue, mais il insista tellement que je finis par céder. Dès qu'il eut son nouveau nom, il devint beaucoup moins agressif. Voyez donc si votre animal accepte son nom ou si cela lui pose un problème. Dans ce cas, demandez-lui quel nom il souhaiterait, et s'il l'ignore, proposez-lui une liste et choisissez-en un en accord avec lui.

## ...Et un vrai travail !

Tout comme les humains, les animaux aiment se sentir utiles. Si un animal a un problème de comportement et que vous avez vérifié qu'il n'y a aucune cause physique, essayez de lui donner des tâches à accomplir. Nos animaux familiers travaillent pour nous sans même que nous le leur demandions. Ils nous gardent, nous réconfortent, nous amusent. S'il y en a plusieurs chez vous, vous pourrez observer que l'un agit comme conciliateur, l'autre comme enseignant vis-à-vis des plus jeunes, le troisième comme gardien, et ainsi de suite... Ils assument ces tâches de leur propre initiative.

Voici une liste de tâches que vous pouvez leur assigner s'ils le souhaitent :

- Vous obliger à sortir et à prendre de l'exercice.
- Faire régner la paix chez vous et vous avertir en cas de problème.
- Vous donner leur avis.
- Vous aider dans vos projets.

[3] N.D.T. : « Chi » signifie « énergie » en chinois.

- Vous aider à résoudre un problème personnel (mais précisez bien à l'animal qu'il ne doit pas accepter de négativité de votre part).

Hazel, ma chatte, m'aide à écrire, elle est ma muse. Elle reste auprès de moi tant que je suis devant mon ordinateur. Bear, mon chien, est mon protecteur. Quand vous donnez des tâches à vos animaux et qu'ils les assument, n'oubliez jamais de les féliciter. Remerciez-les aussi pour celles qu'ils accomplissent tout naturellement. Vérifiez s'ils sont contents de ce qu'ils font, ou bien s'il faut changer leurs « jobs ».

## L'effet miroir

Le Dr Martin Goldstein, vétérinaire et auteur du livre *The Nature of Animal Healing*, décrit un phénomène qu'il nomme la « résonance ». Il a en effet observé qu'un grand nombre d'animaux présentent des maladies ou des blessures identiques à celles de leurs partenaires humains. Il se demande si cela n'est pas causé par l'empathie des animaux envers leurs « maîtres ». Il se demande également si les animaux n'essaient pas d'aider les humains chez qui ils vivent en leur servant de miroir pour leur permettre d'exposer au grand jour leur maladie ou leur disharmonie.

La plupart des animaux sont si ouverts et si aimants qu'ils ne mettent aucune barrière entre eux et nous. Ils deviennent comme des éponges et absorbent notre énergie. Ainsi, ils peuvent devenir agressifs envers les gens si nous abritons nous-mêmes de la peur ou de l'hostilité envers les autres, ou bien ils sont déprimés quand nous le sommes. Ils jouent le rôle de miroir pour nous montrer que nous avons un déséquilibre émotionnel et pour nous donner l'occasion de le corriger. Ils peuvent faire cela exprès, à titre d'aide, ou bien ils peuvent le faire inconsciemment, parce qu'ils s'impliquent dans nos émotions.

Observez attentivement les problèmes de santé ou de comportement dont peuvent souffrir vos animaux. Si vous pensez que l'un d'eux est en train de refléter vos propres problèmes, parlez-lui. Expliquez-lui que vous appréciez son aide, mais que vous souhaitez qu'il reste heureux et plein de vigueur. Demandez-lui d'être plutôt un modèle de santé et de bonheur pour vous.

C'est à vous ensuite de changer votre comportement ou d'améliorer votre état physique. Cela suffit souvent à éliminer les problèmes correspondants chez vos animaux.

## Voir le futur

Si vous pouvez vous servir de votre intuition pour explorer le passé, vous pouvez aussi vous en servir pour voir le futur. C'est ce que je fais pour les gens qui veulent adopter un animal. Je l'imagine avec la personne, ou bien avec les autres animaux du foyer, à un moment dans le futur – disons deux semaines, pour voir comment cela se passera. Jusqu'à présent, les résultats ont été le plus souvent exacts et cela a aidé mes clients.

En revanche, je n'ai pas autant de succès quand j'essaie de prédire le sexe d'un fœtus en gestation. Et je ne me servirai jamais de mon intuition pour parier sur des chevaux de course, car je ne suis pas en faveur de ce genre de « sport ». Mais il est souvent pratique d'avoir une impression quant à un événement futur.

*Ainsi, un ami m'a appelée récemment parce que son cheval boitait et que les vétérinaires consultés affirmaient qu'il resterait infirme jusqu'à la fin de ses jours. Quand j'ai regardé dans le futur, six semaines plus tard, j'ai vu que son cheval était guéri et qu'il pouvait le monter de nouveau. En effet, la semaine suivante, le cheval allait beaucoup mieux et d'après un autre vétérinaire, il devait guérir à coup sûr.*

La technique essentielle consiste à imaginer la situation ou l'événement dans l'avenir. Observez-le comme si vous étiez en train de regarder un film et discernez les images, les impressions ou les mots. Vous pouvez aussi demander à ce que des informations vous soient transmises à partir de la connaissance universelle et noter tout ce qui vous vient.

Je crois, pour ma part, que les animaux qui nous sont proches sont des enseignants et des partenaires spirituels. Ils nous apprennent à aimer inconditionnellement, comme ils le font eux-mêmes.

## Exercices : Passé, présent et futur

Ces exercices vous permettront de mettre en pratique toutes les données indiquées dans ce chapitre. Vous pouvez les faire avec vos propres animaux, ou bien avec ceux de vos amis.
Choisissez la méthode qui vous convient pour vous concentrer et entrer en contact. Travaillez les yeux ouverts ou fermés. Prenez une grande inspiration chaque fois que vous voulez avoir le corps détendu et l'esprit concentré et ouvrez-vous à votre intuition. Notez tout ce qui vous vient sur votre cahier.

### 1er exercice : Explorer le passé d'un animal

Invitez l'animal à vous montrer ou à vous dire ce qui l'a marqué dans son passé. Si vous recevez une information assez vague, comme l'image d'une cour, obtenez des précisions :

- À quoi ressemblait cette cour ?
- L'animal devait-il y rester tout le temps ?
- Avait-il le droit de rentrer dans la maison ?
- Ou d'aller en promenade ?

Si vous avez le sentiment que l'animal vivait dans une famille, demandez par exemple combien de membres il y avait dans cette famille, quels étaient leurs âges, à quoi ils ressemblaient... Demandez-lui ce qu'il ressentait quand il vivait avec eux. Si vous êtes persévérant et que vous posez les bonnes questions, vous devriez finir par avoir une idée précise du passé de l'animal.

### 2e exercice : Aimes-tu ton nom ?

Posez la question à l'animal. Si la réponse est négative, demandez-lui pourquoi et quel est le nom qu'il aimerait porter. Si la réponse est positive, demandez-lui pourquoi il aime son nom.

### 3e exercice : Aimes-tu ton travail ?

Demandez à l'animal quel est le travail qu'il accomplit actuellement et s'il l'aime. S'il ne l'aime pas, essayez de savoir pourquoi et trouvez avec lui le genre de travail qui lui plairait. Vous pouvez aussi lui suggérer des tâches que vous aimeriez le voir accomplir.

### 4e exercice : Effet miroir

Demandez à l'animal s'il reflète votre état physique ou émotionnel (ou celui de son partenaire humain). Si c'est le cas, dites-lui qu'au lieu d'être un miroir, vous préféreriez qu'il soit un modèle de santé et de gaieté. Ensuite, ce sera à vous de modifier votre comportement ou d'améliorer votre santé, ce qui bénéficiera à l'animal.

### 5e exercice : Voir le futur

Imaginez une situation future incluant l'animal – par exemple une compétition qui va avoir lieu, ou une promenade dans une forêt encore inconnue, ou une visite chez un nouveau vétérinaire. Observez la scène comme si vous y étiez, ou comme si elle se déroulait sous forme d'un film. Notez les images, les impressions, les paroles que vous percevez. Vous pouvez aussi demander à la connaissance universelle comment cet événement va se passer dans le futur et noter tout ce qui vous vient.

# XII
# Unis pour le meilleur et pour le pire

Un expert en communication intuitive est souvent le dernier à être consulté par les gens qui ont un animal malade et qui ont tout essayé pour tenter de le guérir. Or, ce genre de communication peut révéler des informations qui sont importantes pour soigner l'animal.

Dans ce chapitre, je vais parler de l'intuition dans le domaine médical et du processus de guérison énergétique, ainsi que de la façon dont on peut aider les animaux au moment de leur mort.

## L'intuition et la santé

Je pose à l'animal des questions sur sa santé, un peu comme un médecin le ferait à son patient. Même si les résultats que j'obtiens peuvent être exacts et précis, ce genre de consultation intuitive ne devrait jamais remplacer un diagnostic médical, car il y a toujours un risque d'erreur lorsqu'on travaille uniquement avec l'intuition. En revanche, ce travail intuitif va souvent plus loin que le diagnostic médical dans la mesure où il nous permet d'explorer aussi l'aspect émotionnel, mental et spirituel de la maladie ou de la blessure. Parfois, il suffit de changer les conditions de vie de l'animal ou de résoudre son trouble affectif pour que le problème physique disparaisse.

## Le processus

Une consultation intuitive concernant la santé d'un animal ressemble beaucoup à une séance de communication normale. Toutefois, vous devez faire attention à ne pas vous charger de la douleur ou du malaise que ressent votre « client ». Il faut que vous sachiez comment vous libérer de ce genre d'énergie si vous vous en êtes chargé par mégarde. Je m'inquiète quand je vois quelqu'un communiquer avec un animal, puis se tenir le dos et s'exclamer : « Oh, il souffre du dos ! Je le ressens fortement. » En réalité, vous n'avez pas besoin de ressentir la douleur d'un animal pour être capable de l'identifier. Ce n'est pas sain, cela n'aide pas l'animal et, de plus, cela peut vous rendre malade. Il est possible de déterminer ce qui fait souffrir un animal – et même de savoir le genre de douleur qui l'affecte – sans en sentir l'effet dans votre propre corps.

La technique est simple : affirmez clairement votre intention de ne prendre sur vous ni douleur, ni maladie, ni émotion provenant de l'animal avec lequel vous travaillez. Cela exige un peu de pratique, mais ça marche !

Quand vous commencez à pratiquer, vous pouvez récupérer par inadvertance de l'énergie négative. Toutefois, même après des années d'expérience, ce genre d'incident peut survenir. Si vous vous êtes déjà trouvé près d'un animal affligé d'une grande tristesse, vous vous rappelez sans doute que vous avez dû lutter pour ne pas vous sentir triste vous-même.

Voici une technique pour vous débarrasser des symptômes dont vous pouvez vous charger au contact d'un animal malade. Elle fonctionne aussi bien pour vous libérer des symptômes physiques qu'émotionnels.

> Disons que vous êtes en train de communiquer avec un animal qui refuse de manger, et que vous commencez à avoir un malaise au niveau du ventre. Dans ce cas, considérez ce malaise comme s'il s'agissait d'un résidu qui s'est accroché à votre corps. Avec vos mains, retirez cette sensation de votre corps et projetez-la vers le sol en pensant qu'elle sera recyclée par la terre et transformée en énergie positive. Continuez jusqu'à ce que la sensation disparaisse. Puis poursuivez votre communication avec l'intention claire de recevoir toute information utile, sans vous laisser affecter par ce que ressent l'animal.

## Entretien avec un animal malade ou blessé

Je commence par lui demander de me décrire ses symptômes et de m'indiquer où il souffre exactement. Ensuite, je lui demande s'il peut me donner la cause du problème et me dire ce qui ne va pas chez lui, à son avis. Je l'invite à me raconter en détail les maladies et les blessures qu'il a eues dans le passé et tout événement qui aurait pu contribuer à son état de santé actuel. Bien sûr, je considère que toutes les informations que j'obtiens sont d'ordre spéculatif. Certaines peuvent être vérifiées aussitôt auprès du partenaire humain s'il connaît l'histoire médicale de l'animal et également auprès d'un vétérinaire.

## Exploration des émotions sous-jacentes à la maladie

D'après mon expérience, de nombreuses maladies et blessures affectant les animaux domestiques sont provoquées par un environnement malsain et/ou par des soins ou des traitements inadéquats. En améliorant le régime alimentaire, les conditions de vie et les méthodes de dressage, on peut résoudre beaucoup de problèmes. Il est aussi important de chercher les émotions sous-jacentes, telles que le stress ou un traumatisme passé, qui peuvent provoquer le malaise de l'animal, et de détecter s'il est en train de refléter – par l'effet miroir dont nous avons déjà parlé – un comportement, une maladie ou une blessure qu'il perçoit chez son partenaire humain.

À la fin de la communication, je demande à la connaissance universelle de me donner toute information complémentaire et j'invite l'animal à me dire s'il sait ce qu'il lui faudrait pour pouvoir guérir.

## Examen du corps de l'animal

L'énergie anime continuellement le corps physique. Notre intuition nous permet de recevoir des impressions concernant la santé de l'animal en nous basant sur l'état de son énergie. Pour cela, nous nous servons de nos mains, que ce soit directement en présence de l'animal ou à distance. S'il se trouve avec vous, commencez par glisser vos mains au-dessus de sa tête puis tout le long de son corps, sans le toucher. Le mieux est de le faire les yeux fermés. Prenez conscience des endroits où l'énergie ne vous semble pas « correcte ». Vous pouvez avoir des sensations de froid ou de chaleur, ou bien vous avez l'impression que vos mains s'arrêtent d'elles-mêmes au-dessus d'un point précis. Si vous êtes attentif, vous percevrez, par l'intermédiaire de vos mains, des variations dans l'énergie du corps de l'animal. Dès que vous avez détecté

> Parfois, il suffit de changer les conditions de vie de l'animal ou de résoudre son trouble affectif pour que le problème physique disparaisse.

un endroit « pas comme les autres », arrêtez-vous, demandez-lui ce qu'il ressent là et voyez s'il s'agit d'un symptôme de maladie ou de blessure. Si vous ne pouvez obtenir des détails de la part de l'animal, ayez recours à la connaissance universelle et demandez des informations sur ce qui ne va pas. N'oubliez pas d'écrire toutes vos impressions. Je note les endroits à problème en les cochant sur les contours du corps de l'animal que j'ai dessiné au préalable sur mon bloc-notes.

La technique est la même quand vous travaillez à distance. La seule différence, c'est que vous devez imaginer que l'animal est présent devant vous avant de passer son corps en revue à l'aide de vos mains. Pour cela, je le « rétrécis » souvent pour lui donner une taille qui me permette de rester assise et de travailler à mon bureau. Ainsi, si je travaille avec un cheval, je passe en revue son corps comme s'il était une statuette posée sur mon bureau.

J'utilise parfois une autre technique, soit pour remplacer celle que je viens de décrire, soit pour la compléter. J'imagine que je deviens l'animal et que je me trouve à l'intérieur de son corps. Auparavant, j'affirme mon intention de ne prendre aucun de ses symptômes. Cette technique me permet de me rendre compte directement de ce qu'il ressent. Je fais surtout cela quand, pour une raison ou pour une autre, l'examen avec les mains ne me fournit pas suffisamment d'informations.

Voici un exemple illustrant ces deux techniques :

*Récemment, j'ai travaillé avec un cheval qui refusait de tourner à droite sans raison apparente. Comme je faisais cette consultation à distance, j'ai imaginé que le cheval se tenait devant moi et j'ai examiné son corps avec mes mains. Les informations obtenues étant trop vagues à mon goût, j'ai fermé les yeux et je me suis imaginée à l'intérieur de son corps. Là, j'ai pu ressentir ses sensations physiques. J'ai imaginé que je tournais à droite et j'ai pris conscience qu'il ressentait une vive douleur à l'épaule droite et que la selle faisait pression sur cette épaule. Je percevais les sensations de l'animal sans les prendre sur moi. J'ai conseillé à ma cliente de faire examiner son cheval par un ostéopathe et de faire vérifier sa selle. L'ostéopathe confirma que l'épaule de l'animal était douloureuse. Quand ma cliente changea sa selle, le cheval réussit à tourner à droite sans problème.*

Lorsque vous terminez ce genre de travail, il est bon de nettoyer votre champ énergétique, même si vous ne ressentez aucun des symptômes de l'animal que vous venez d'examiner. Passez vos mains sur votre corps comme si vous l'époussetiez et envoyez les résidus vers la terre en l'invitant à les recycler, comme je l'ai décrit précédemment.

## Comment travailler avec l'énergie

Voici comment travailler avec l'énergie pour aider un animal. D'abord, demandez-lui s'il souhaite ce genre de séance ou non. S'il est d'accord, la procédure est la suivante : accédez à l'énergie qui se trouve au cœur de la terre et dans tout l'univers au-dessus de nous et laissez-la vous envahir. Fermez les yeux si vous le souhaitez et sentez cette énergie d'harmonisation circuler à travers vous, en provenance de la terre et du ciel. Imaginez-la comme une couleur – dorée ou autre. Dirigez ensuite cette énergie vers les paumes de vos mains que vous tendez en direction de l'animal qui a besoin d'être aidé. Si vous êtes près de lui, vous pouvez poser vos mains sur son corps, ou bien vous laissez vos paumes face à lui sans le toucher et vous vous concentrez sur les parties malades. Si vous travaillez à distance, vous imaginez l'animal devant vous et vous placez vos paumes face à l'image que vous avez créée.

Votre seule tâche consiste à diriger l'énergie de la terre et de l'univers en direction de l'animal. Vous ne vous servez pas de votre propre énergie, donc vous ne risquez pas d'en perdre.

La « consultation » intuitive concernant l'état physique de l'animal, que vous avez faite précédemment, devrait vous permettre de savoir quelle est la partie du corps qui a le plus besoin de cette énergie. Vous pouvez l'envoyer en fait dans tout le corps, en vous concentrant sur les endroits les plus faibles. Faites cela avec beaucoup de douceur, car les animaux sont bien plus sensibles que les humains.

Parfois, j'imagine simplement que j'ouvre un flot d'énergie, en souhaitant que l'animal la reçoive selon ses besoins. Peut-être, en passant vos mains au-dessus de certaines parties de son corps, sentirez-vous qu'elles sont froides, ou bien dures. Dans ce cas, époussetez ou retirez l'énergie qui y est bloquée et lancez-la au sol en invitant la terre à la recycler.

C'est à vous de savoir à quel moment arrêter la séance. Quand vous sentez que vous avez terminé, envoyez votre amour à l'animal, puis nettoyez votre propre corps énergétique comme indiqué précédemment. Vous pouvez aussi vous laver les mains. Ce genre de séance peut s'avérer très efficace et soulager les problèmes émotionnels autant que les problèmes physiques.

En voici un exemple.

*Mes amis Steve et Rachel Adler ont un chat appelé Norman. Ce dernier s'était réfugié sous un lit depuis la naissance du bébé de Steve et Rachel. Il n'en sortait que pour manger et cela durait depuis des semaines. Norman avait déjà eu des problèmes de comportement, qui avaient été résolus grâce à la communication intuitive et à des thérapies alternatives. Cette fois, rien ne marchait. Un peu désespérée, j'ai fait une très longue séance de soin énergétique à distance sur Norman. Je lui ai envoyé de l'énergie, comme s'il se trouvait devant moi, en me concentrant particulièrement sur les fortes émotions que je ressentais comme de l'énergie bloquée à l'intérieur de son corps. Tout en travaillant, je lui ai aussi envoyé beaucoup d'amour. Après la séance, Rachel et Steve m'ont prévenue qu'il était enfin sorti de sa cachette. Depuis, il ne se cache plus et il va même accueillir les gens qui sonnent à la porte !*

## Aider un animal à mourir

Les animaux n'ont pas la même attitude que la nôtre envers la mort. Pour eux, comme ils sont très reliés au monde de l'esprit, la mort ne représente pas une rupture terrible et définitive.

Quand je communique avec des animaux qui sont en train de mourir, je perçois souvent leur souhait de ne pas souffrir.

*Tel fut le cas de Duke, un cheval âgé ayant de graves problèmes de pied. Son partenaire humain étant atteint d'un cancer en phase terminale, ce fut une amie, Sara Hartman, qui prit Duke en charge. Après avoir essayé différents traitements pour le soigner, elle se rendit compte qu'elle n'obtenait aucun résultat. Duke aimait bien Sara, il était toujours content de la voir. Pourtant, Sara avait l'impression que le cheval souffrait tellement qu'il aurait sans doute préféré ne pas continuer à vivre. Elle m'appela pour me demander si c'était vrai. Quand je communiquai avec Duke, celui-ci m'indiqua qu'il avait des maux de tête et de fortes douleurs chaque fois qu'il faisait un pas et qu'il ne pouvait plus dormir. Il me dit qu'il se sentait prêt à partir. Sara me confirma qu'il pouvait à peine bouger et qu'il avait perdu tout intérêt pour la vie. Sans hésiter, elle appela le vétérinaire pour qu'il mette un terme aux souffrances de Duke.*

## Comment préparer un animal à mourir

Voici certaines choses que vous pouvez faire pour aider un animal à effectuer sa transition du plan physique au plan spirituel. Cela vous apaisera également.

- Demandez-lui de vous donner un signal clair indiquant qu'il souhaite qu'on l'aide à mourir.
- Dites-lui tout ce que vous avez appris grâce à lui et la gratitude que vous éprouvez pour tout ce qu'il vous a apporté.
- Faites un album de souvenirs, de poèmes, de photographies concernant votre animal.
- Décidez de la façon dont vous disposerez de son corps : enterrement, incinération…
- Organisez une réunion pour lui dire au revoir – essayez d'en faire un événement joyeux !
- Asseyez-vous près de lui, les yeux fermés et ressentez bien son énergie, afin que vous puissiez la reconnaître lorsqu'il sera passé au plan de l'esprit.

## Trouver le moment juste

Servez-vous de la communication intuitive pour vérifier auprès d'un animal mourant s'il souhaite ou non être euthanasié. Vous risquez d'être surpris par la réponse. Certains animaux qui semblent prêts à partir vont vous dire qu'ils préfèrent rester avec leurs partenaires humains jusqu'au dernier moment. D'autres vous confirmeront qu'ils souhaitent qu'on les aide à mourir. Parfois, ils attendent que leurs partenaires humains soient prêts à accepter leur départ. Comme d'habitude, je n'ai aucun préjugé par rapport à chaque situation et je m'efforce d'entendre objectivement ce que l'animal souhaite.

Voici l'histoire de Jenny et de Gomer, son vieux cheval.

*J'adorais Gomer. J'éprouvais pour lui l'amour qu'une mère a pour son enfant. Il avait totalement confiance en moi et faisait toujours de son mieux pour me plaire. Il réussissait très bien en concours et il avait gagné de nombreux championnats. Juste avant la fête de Thanksgiving, il a cessé de manger et s'est couché sur la paille de son box. Ce fut le début d'une période de quatre semaines qui se termina par la mort de Gomer. La première semaine, j'ai dû demander au vétérinaire de passer au moins une dizaine de fois. Il a alimenté Gomer par sonde, en lui passant des électrolytes et des tas de vitamines et compléments alimentaires. Gomer n'allait pas mieux, mais au moins il n'était pas déshydraté. Il mangeait très peu mais il m'accueillait avec joie quand je venais le voir, il acceptait les carottes que je lui apportais pour me faire plaisir et il faisait quelques pas dehors. J'avais peur de lui retirer sa couverture, tant je craignais de me rendre compte du poids qu'il avait perdu.*
*Finalement, près d'un mois plus tard, je l'ai emmené dans la salle de pansage et je lui ai ôté sa couverture. Il n'avait pas vraiment l'air d'un squelette, mais il semblait exténué. Je me suis mise à pleurer car je me rendais bien compte que j'allais devoir le laisser partir. Comme je sanglotais, la tête contre son flanc, il s'est retourné pour me regarder.*
*« Tout va bien, ne t'inquiète pas », tel est le message que j'ai lu dans ses yeux. Le lendemain étant un vendredi, j'ai appelé le vétérinaire pour qu'il vienne le lundi. Le samedi et le dimanche, je suis venue voir Gomer, qui était couché la plupart du temps. Je m'asseyais sur un seau retourné près de lui et je pleurais à chaudes larmes tout en tentant de le faire manger. Il était clair qu'il n'avait pas faim, mais il se forçait à avaler un peu de granulés pour me faire plaisir. Le lundi matin, je suis arrivée dans son box trois heures avant la venue du vétérinaire. Je me suis assise*

*près de Gomer et j'ai sangloté, tout en lui disant à quel point je l'aimais et en le remerciant de tout ce qu'il avait fait pour moi. Je ne cessais de lui répéter que je ne savais pas comment je vivrai sans lui. Je lui dis aussi que le vétérinaire allait venir et qu'il devrait se montrer courageux pour deux, car moi, je ne le serai pas. Pendant tout ce temps, il me regardait avec compassion, en me disant : « Tout ira bien ». À un moment, il s'est relevé et a marché vers la grille le séparant d'un paddock qu'il avait l'habitude de partager avec un autre cheval. Ils se sont fixés longuement, sans se toucher. Je suis certaine qu'ils se disaient au revoir. Ils n'avaient pas l'air bouleversé, simplement, ils savaient tous deux ce qui allait se passer. Puis Gomer est revenu vers moi et je me suis remise à pleurer tout en lui caressant le front et en lui demandant si c'était vraiment ce qu'il voulait.*
*À ce moment-là, il a relevé la tête, l'a posée doucement sur mon épaule et m'a soufflé légèrement dans l'oreille. De nouveau, il m'a regardée, de ce regard qui voulait dire : « Tout est bien. » Je lui ai dit que j'avais apporté un petit sac et des ciseaux, car je voulais lui tailler la crinière et la queue et garder ses crins. Quand je lui ai retiré sa couverture, il s'est tourné de façon à me présenter sa crinière, puis sa queue. Cela me fit pleurer davantage, mais je sus avec certitude qu'il comprenait exactement les informations que je lui avais données et tout ce que je ressentais et qu'il faisait de son mieux pour m'aider à surmonter l'épreuve.*

*Quand le vétérinaire arriva, Gomer me regarda encore une fois avec calme, pour me montrer qu'il était prêt à mourir. L'euthanasie de Gomer a été la chose la plus dure que j'ai eue à assumer. Pourtant, malgré la difficulté, je ne l'ai pas regrettée. Gomer avait des tumeurs à l'abdomen. Il aurait pu vivre un peu plus longtemps, mais il se serait dégradé chaque jour et il serait mort dans la souffrance. Je préférais écourter le temps que*

*j'aurais pu passer encore avec lui et être sûre qu'il partirait sans douleur ou presque, et dans la dignité.*
*Le sentiment d'avoir le pouvoir de vie ou de mort sur un autre être est terrifiant. Il est bien plus facile d'attendre que les choses se fassent d'elle-même, mais cette solution a un prix que l'animal doit payer. J'aimais tellement Gomer que je préférais le voir mourir ainsi et il m'a démontré de bien des façons qu'il le comprenait, qu'il m'en remerciait et qu'il m'aimait beaucoup, lui aussi.*

## La relation avec les animaux après leur mort

Mon opinion personnelle est que l'esprit de nos animaux demeure longtemps près de nous après leur mort physique, notamment pour nous aider à traverser cette douloureuse expérience. Quand Doug, mon chien, est mort, je sentais sa tête posée sur mon genou, ou bien je pouvais humer son odeur de temps à autre. Je sentais sa présence chaque fois que nous faisions l'une de ses activités favorites : manger et se promener. Certains de mes clients m'ont dit qu'ils apercevaient parfois la silhouette de leur animal décédé, ou bien qu'ils trouvaient sa forme sur le tapis sur lequel il avait l'habitude de dormir, ou encore qu'ils voyaient l'empreinte de pattes boueuses sur le carrelage, qui disparaissaient très vite. Tous ces messages nous indiquent que nos animaux sont toujours avec nous en esprit.

La perte d'un animal peut être d'autant plus douloureuse qu'il nous donne un amour simple et sincère, sans aucune arrière-pensée. L'esprit de l'animal s'éloigne généralement quand nous avons réussi à nous ressaisir et à reprendre le cours normal de notre vie.

# Exercices : Intuition « médicale » et soins énergétiques

**1er exercice : Entretien avec un animal malade ou blessé**

Demandez à l'animal de vous indiquer où se trouve le problème dans son corps. N'oubliez pas de tout noter, sans rien censurer. Demandez-lui ensuite de vous donner son histoire médicale : maladies, accidents, etc. Y a-t-il quelque chose en ce moment qui affecte sa santé ? Est-il en train de refléter un problème concernant son partenaire humain ? Notez les informations perçues. Demandez-lui s'il sait comment il pourrait guérir. Voyez si vous pouvez obtenir de la connaissance universelle des informations complémentaires. Si vous avez l'impression d'avoir récupéré une énergie non désirable provenant de l'animal, dégagez-la avec vos mains et projetez-la vers la terre afin qu'elle la recycle. Faites-le jusqu'à ce que vous ne ressentiez plus d'impression désagréable.

Rappelons-nous que les informations que nous pouvons percevoir à propos de l'état physique ou émotionnel d'un animal comportent toujours un risque d'erreur. Soulignez bien ce point en transmettant vos informations à la personne qui s'occupe de l'animal. Vos résultats ne sont exacts que dans la mesure où ils ont été vérifiés.

**2e exercice : Examen physique**

Demandez à l'animal s'il vous autorise à l'examiner. S'il est d'accord, prenez votre bloc-notes et dessinez approximativement sa silhouette. Imaginez-le devant vous et maintenez le contact avec lui (s'il s'agit d'un soin à distance). Passez les mains au-dessus de sa tête, puis, sans le toucher, le long de son corps pour sentir s'il y a de l'énergie bloquée. Dans ce cas, arrêtez-vous et notez l'endroit sur votre dessin. Demandez alors à l'animal et à l'univers ce qui ne va pas à cet endroit précis. Notez les informations reçues, puis continuez et terminez l'examen physique.

### 3e exercice : Envoyez de l'énergie

Sollicitez l'accord de l'animal avant de lui envoyer de l'énergie d'harmonisation. Imaginez cette énergie provenant de la terre et de l'univers traversant les paumes de vos mains. Dirigez-la vers lui. Ne forcez rien. L'animal prendra ce dont il a besoin. Quand vous sentez un blocage énergétique à un endroit du corps de l'animal, retirez cette énergie avec vos mains et lancez-la à terre pour qu'elle soit recyclée. Tout cela se fait avec beaucoup de douceur.

Terminez la séance en souhaitant que l'animal reçoive tout ce qu'il lui faut pour guérir : l'énergie, les traitements, la nourriture, les praticiens et les conditions de vie qui lui permettront d'être heureux et en bonne santé. Puis envoyez-lui votre amour et nettoyez votre corps comme décrit précédemment.
Notez ensuite toutes les impressions et les informations perçues pendant la séance.

## À propos de la mort

### 4e exercice : Entretien au sujet de la mort

Demandez à un animal, que ce soit le vôtre ou non, de vous dire ce qu'il ressent à propos de la mort. Cela l'inquiète-t-il ? Qu'a-t-il à vous apprendre sur ce sujet ?

### 5e exercice : Communiquer avec un animal mourant

Si vous connaissez quelqu'un dont l'animal est en train de mourir, vous pouvez lui proposer de communiquer intuitivement. D'après mon expérience, cela apaise et rassure les gens. Demandez à votre ami les questions qu'il aimerait poser à son animal. Puis demandez à ce dernier s'il comprend la situation qu'il est en train de vivre et quels sont ses sentiments à ce sujet. Posez-lui les questions fournies par votre ami. Avant de terminer la communication, demandez à l'animal s'il a quelque chose de particulier à ajouter.

Vous pouvez bien sûr agir de même si votre propre animal est en train de mourir. Toutefois, cela risque de vous être plus difficile en raison de vos émotions.

### 6e exercice : Communiquer avec un animal décédé (avec lequel vous avez vécu, ou qui vivait avec l'un de vos amis)

Vous pouvez essayer de pratiquer cet exercice, mais si vous ne croyez pas à ce genre de chose, passez tout simplement au chapitre suivant.

Entrez en contact avec l'esprit de l'animal, posez-lui des questions – par exemple :

- Peux-tu me décrire l'endroit où tu te trouves ?
- Quel est ton état ?
- As-tu des souvenirs que tu souhaiterais partager avec moi à propos de ton ancienne vie ?
- As-tu un message particulier ?

# XIII

# Animaux perdus

L'UTILISATION DE LA COMMUNICATION INTUITIVE pour retrouver des animaux qui se sont perdus n'est pas facile, car les risques d'erreur sont importants. Quand les gens m'appellent pour les aider à retrouver un animal, je les préviens que les résultats sont loin d'être garantis. D'un autre côté, il m'est arrivé de guider des gens jusqu'à l'animal qu'ils avaient perdu, aussi cela vaut-il la peine de prendre le risque.

Quand Marmelade, mon chat, a disparu, je n'arrêtais pas de penser à toutes les choses horribles qui risquaient de lui arriver. Eh bien, il faut faire l'inverse : pensez uniquement que l'animal est en sécurité et que vous allez forcément le retrouver bientôt. En d'autres termes, concentrez-vous sur ce que vous souhaitez, et non sur ce qui vous effraie. Par ailleurs, si vous réussissez à dormir, utilisez ce temps pour rassembler des informations intuitives à propos de l'animal perdu. C'est pendant le sommeil que vous avez accès à votre intuition la plus fine, grâce à vos rêves.

Avant de vous endormir, affirmez à voix haute que vous souhaitez avoir des informations pendant que vous rêvez, afin de retrouver votre animal. Ayez un crayon et un papier à proximité de votre lit. Réglez votre réveil cinq minutes avant l'horaire normal, car en vous réveillant un peu plus tôt, cela peut vous aider à mieux vous souvenir de vos rêves. Bien sûr, notez toutes vos impressions nocturnes avant de vous lever le matin.

En gros, l'estimation des informations exactes que je fournis dans le cas d'animaux qui ont disparu est d'environ 60 à 70 %, alors que dans mes autres consultations, mon taux d'exactitude est de 80 à 90 %. Je sais la plupart du temps si l'animal est vivant ou mort, à quelle distance et dans quelle direction le chercher. En revanche, en dépit de tous mes efforts, il arrive que l'on ne retrouve jamais l'animal. Ce travail est à la fois difficile du point de vue intuitif, émotionnel et nerveux. En effet, ce genre de cas inclut tant de facteurs négatifs qu'il m'arrive de souhaiter de ne plus jamais y toucher. Mais en cas de succès, les retrouvailles sont extraordinaires.

En voici un exemple.

*Un couple m'a appelée pour m'indiquer que leur chat s'était enfui de la pension où ils l'avaient placé pendant qu'ils partaient en vacances. Quand je suis entrée en contact avec le chat, ce dernier m'a montré la route qu'il avait prise, ainsi que l'endroit où il se trouvait. Grâce à la visualisation, j'ai fait le même chemin : j'ai quitté la pension, je suis allée vers le nord, puis vers l'ouest, comme il me l'avait dit et j'ai vu un grand hangar gris devant des rails de chemin de fer. J'ai donné ces informations au jeune couple, qui fit le chemin en fonction de ces repères. Dans le hangar, ils aperçurent leur chat qui refusa de se laisser attraper. Ils me téléphonèrent de nouveau. Cette fois, j'ai parlé au chat pour lui dire à quel point il était aimé par sa famille humaine et je lui ai demandé s'il pouvait retrouver le chemin pour revenir tout seul chez lui. Il a déboulé un peu plus tard dans le salon de sa maison, après être passé par la chatière.*

Parfois, quand j'obtiens des informations exactes à propos d'un animal perdu, elles ne sont pas toujours agréables. Il m'est arrivé de voir qu'un chat avait été dévoré par un coyote : j'avais vu ce coyote, qui était une femelle et qui devait nourrir sa portée. J'indiquais donc à la malheureuse propriétaire du chat qu'elle pourrait vérifier elle-même ces informations en retrouvant des lambeaux de fourrure dans un endroit que je pus lui préciser, ce qu'elle fit.

## Pourquoi est-ce aussi difficile ?

Outre le fait que la communication intuitive soit déjà par elle-même un défi, certains aspects concernant les animaux perdus la rendent encore plus difficile. En effet, les gens qui m'appellent sont généralement bouleversés. Il y a urgence et ils veulent que j'obtienne des résultats. En tout premier lieu, ils souhaitent savoir si leur animal est encore en vie. Or, dans certains cas de mort brutale, la réponse n'est pas évidente.

J'ai travaillé sur le cas d'un chien perdu qui me semblait vivant. Je l'ai vu courir librement sur une colline. J'ai appris par la suite que ce chien avait été tué dès qu'il s'était échappé. Une branche d'arbre lui était tombée sur la tête. À mon avis, le chien n'a pas vraiment compris qu'il était mort. Il avait traversé la clôture de sa propriété pour aller vivre une aventure et, comme sa mort avait été très rapide, il avait sans doute continué à courir sans se rendre compte qu'il avait quitté son corps physique.

Je demande à mes clients de ne pas me dire ce qui, à leur avis, a pu arriver à leur animal. Il est difficile d'être objectif quand on a trop d'informations provenant de sources extérieures.

Enfin, les résultats ne sont pas toujours immédiats. Les animaux vivent à un rythme qui leur est propre, surtout les chats. Ces derniers sont très lents. J'ai reçu parfois des appels de clients des mois après qu'ils m'aient consultée, pour m'annoncer que leur chat était bien vivant, comme je leur avais affirmé, et qu'il venait de rentrer chez eux l'air innocent, comme si rien ne s'était passé.

## Sur la piste d'un animal perdu

Bien sûr, le principe de base est celui de la communication intuitive : suivez les informations que vous obtenez. Ne censurez rien, ne cherchez pas à rendre les choses logiques. S'il s'agit d'un animal qui vous appartient, vous pouvez essayer de pratiquer les exercices suivants, mais il vous sera sans doute difficile d'être objectif. Voyez si vous pouvez vous faire aider par un autre « communicateur ». Pour travailler sur ce genre de cas, je recommande de suivre toutes les étapes afin de se concentrer et d'entrer en contact, qui sont indiquées dans le chapitre VIII.

# Exercices pour retrouver un animal qui a disparu

Si vous connaissez quelqu'un qui a perdu un animal, vous pouvez lui proposer votre aide, tout en précisant bien que vous êtes un débutant dans ce domaine. Obtenez une photo ou une description de l'animal, ainsi que des autres animaux éventuels vivant dans la maison. Procurez-vous une carte de la région où il a disparu. Pour ma part, je n'ai pas besoin d'avoir une carte, car je me sers de mon intuition pour visualiser le terrain à distance et entrer en contact avec l'animal pour qu'il m'indique le chemin qu'il a suivi. Je consulte ensuite une carte géographique sur Internet et je vérifie si les détails que j'ai obtenus grâce à mon intuition correspondent à la carte. À ce moment-là, je peux orienter les recherches vers une rivière, un parc, une rue ou tout autre endroit spécifique que j'ai pu « voir ».

Une fois que vous avez contacté l'animal, vous êtes prêt à faire les exercices qui suivent. Indiquez ensuite les résultats que vous avez obtenus au partenaire humain de l'animal.

## 1er exercice : Vivant ou mort ?

Demandez à l'animal s'il est en vie ou non. Dites-lui qu'il vous l'indique nettement et soulignez l'importance de sa réponse, qu'il peut vous donner en mots, en images, ou selon votre meilleur mode de réception. Notez tout ce qui vous vient. Si vous sentez que l'animal est mort, demandez-lui ce qui lui est arrivé. Si vous le croyez vivant, demandez-lui où il se trouve et pourquoi il n'est pas rentré chez lui. Essayez d'avoir la vision la plus large possible de la situation.

### 2e exercice : Que s'est-il passé ?

Demandez maintenant à l'animal de vous montrer le chemin qu'il a parcouru. Pour déterminer la direction qu'il a prise, orientez-vous à partir de la porte de la maison d'où il s'est échappé. Interrogez-le sur ce qui s'est passé entre le moment où il a quitté la maison et l'instant présent. Voyez ou ressentez ces scènes comme si vous vous trouviez à l'intérieur de l'animal qui est en train de les revivre. Vous pouvez aussi tenter de regarder la scène de haut, comme si vous étiez un oiseau. Essayez de repérer des détails, des indices, tout ce qui pourra aider à le retrouver. Continuez à lui demander ce qui s'est passé jusqu'à l'endroit où il se trouve actuellement.

### 3e exercice : Où es-tu maintenant ?

Pour obtenir le maximum de précisions sur l'endroit où l'animal se trouve, vous pouvez poser les questions suivantes :

- Sais-tu où tu es maintenant ?
- Connais-tu le chemin du retour ? Peux-tu revenir chez toi ?
- Es-tu chez des gens ? Si oui, peux-tu me les décrire ?
- Quelles sont les odeurs qui t'entourent ? Est-ce qu'il y a un goût particulier ? Qu'est-ce que tu vois, qu'est-ce que tu entends, qu'est-ce que tu ressens, là où tu es ?
- Es-tu blessé ou as-tu un problème physique ?
- As-tu faim ou soif ?
- Quelles émotions ressens-tu ?
- As-tu envie de rentrer chez toi ?

Donnez à l'animal des conseils, rassurez-le. Expliquez-lui ce que vous faites et dites-lui que vous allez fournir à son partenaire humain toutes les informations qu'il vous a données.

### 4e exercice : Demander l'aide des autres animaux

Demandez aux autres animaux de la maisonnée s'ils ont vu ou s'ils savent quelque chose de particulier à propos de ce qui s'est passé. Demandez-leur aussi s'ils ont été en contact intuitif avec l'animal qui a disparu et, dans ce cas, s'ils peuvent vous dire ce qu'ils ont appris.

### 5e exercice : Demander à la connaissance universelle

Demandez à la connaissance universelle s'il y a autre chose que vous devriez savoir à propos de ce cas, ou s'il y a des informations que vous avez négligées.

### Quand cesser les recherches

Je travaille deux ou parfois trois fois sur un même cas et, si je ne découvre aucun indice utile, j'arrête. Je suggère à mes clients de continuer les recherches en fonction du temps et des ressources qu'ils peuvent y consacrer, mais s'ils ne trouvent rien de nouveau, alors il faut songer à ralentir le rythme. Il est bon de renouveler les affiches et de rappeler de temps à autre les cliniques vétérinaires et les refuges pour animaux, mais au bout d'un certain temps, il faut se rendre à l'évidence et se dire que l'on ne saura peut-être jamais ce qui s'est passé.

CINQUIÈME PARTIE

# Communiquer avec la nature

# XIV
## La vie sauvage

NOUS AVONS PERDU LA RELATION INTIME que nos ancêtres entretenaient avec les animaux sauvages. Certains pensent même que nous pouvons vivre sans eux, mais c'est une illusion imaginée par les forces qui sont en train de détruire notre planète. Il existe des multinationales et des gouvernements si avides de pouvoir et de profit qu'ils n'hésitent pas à ravager les écosystèmes de la terre. Ils ne reculent devant aucun mensonge pour arriver à leurs fins.

En réalité, nous ne pouvons pas plus nous passer de la vie sauvage que nous pouvons vivre sans air. Nous avons besoin d'insectes pour polliniser, de chauves-souris pour manger les insectes, d'oiseaux pour disséminer les semences, de coyotes pour contrôler les populations de rongeurs. Mais si nous dépendons de cette faune pour pouvoir survivre, les animaux sauvages, eux, n'ont pas besoin de nous de la même façon. Il faut seulement que les humains cessent de détruire leurs habitats et de les massacrer, espèce par espèce.

Nos ancêtres considéraient les animaux comme des êtres spirituels sacrés, ils éprouvaient envers eux de la reconnaissance pour les services qu'ils rendaient aux humains et ils les consultaient en tant qu'oracles pour savoir la vérité ou pour connaître le futur. Ils observaient certains rites pour honorer et remercier les animaux qu'ils tuaient afin de pouvoir se nourrir. Quel contraste avec notre système actuel d'élevage industrialisé ! La domestication des animaux est née des relations de coopération et de réciprocité entre nos ancêtres et certains animaux sauvages. Lorsque nous, les humains modernes, nous réapprenons à communiquer comme avant avec ces derniers, ce système d'alliance est renouvelé et nous sommes amenés à respecter toute forme de vie.

Quand vous communiquez avec un animal sauvage, vous vous servez des mêmes techniques qui vous permettent de parler avec des chats, des chiens ou des chevaux. La plupart des animaux sauvages ont envie de communiquer, mais comme ils n'ont pas l'habitude d'être impliqués dans notre vie, l'expérience risque de ressembler à un discours entre des nations étrangères. La relation que les animaux sauvages entretiennent en général avec le monde est si différente de nos modes de vie que nous ne parvenons pratiquement plus à les comprendre – ils forment une culture très éloignée de la nôtre. Nous vivons séparés d'eux émotionnellement depuis fort longtemps, car la société moderne nous impose de prendre une distance vis-à-vis de la nature. Il serait bon, si nous entrons en contact avec des animaux sauvages, de leur dire à quel point nous les apprécions et combien ils sont importants pour nous. C'est un message qu'ils n'ont pas entendu depuis des siècles.

Quand vous entrez en contact avec un animal sauvage, vous ignorez son nom. De plus, il n'est pas facile de vérifier les informations qu'il vous donne. Soit vous pouvez lui poser des questions sur sa biologie et vérifier ensuite les réponses reçues dans des livres spécialisés, soit vous pouvez trouver des preuves dans les événements qui suivent votre conversation.

*Cela m'est arrivé au cours d'un stage que j'animais. Le stage avait lieu dans un bâtiment doté de larges fenêtres qui montaient jusqu'au toit. Un coq, venu de la ferme voisine, s'était perché sur le toit et semblait observer ce que nous faisions en lançant des coups d'œil par la fenêtre. À un moment, il se mit à pousser de tels « cocorico » que nous avons dû cesser de travailler et nous avons décidé de communiquer avec lui pour savoir ce qu'il voulait. Il nous a indiqué qu'il souhaitait que nous nous rendions à la ferme toute proche, d'une part parce qu'il voulait qu'on le voie là-bas, d'autre part parce que l'un des animaux qui s'y trouvait avait un problème et il fallait qu'on aille l'aider. Nous avons suivi notre intuition et nous nous sommes tous dirigés vers la ferme. Sur le chemin, une femme vint à notre rencontre à bicyclette et nous cria : « Vite ! Nous avons besoin d'aide ! Un chevreau est tombé dans le fossé ! » Nous avons réussi à sauver le chevreau grâce au message que nous avait donné le coq. Et à réaliser son souhait par la même occasion, car nous lui avons ensuite rendu visite chez lui, pour l'admirer dans son poulailler.*

## La faune qui vit dans votre jardin

La meilleure façon de chercher des animaux sauvages afin de communiquer avec eux, c'est d'explorer votre cour ou votre jardin. Peu importe l'endroit où vous habitez, vous en trouverez partout. Il ne s'agira sans doute pas d'un lion ou d'un dauphin, mais d'insectes, d'oiseaux, voire de reptiles. On peut avoir une communication fantastique avec une mouche. Tout animal peut vous ouvrir la porte du monde de la nature. Choisissez-en un, et établissez une communication régulière avec lui. Ayez un ouvrage de référence le concernant afin de vérifier les questions que vous pouvez lui poser ainsi que les réponses que vous obtiendrez. Si vous communiquez avec un oiseau, par exemple, demandez-lui s'il est un mâle ou une femelle, combien d'œufs il peut pondre, de quelle taille et de quelle couleur sont ces œufs, s'il a l'habitude de migrer ou non avant l'hiver, etc. et voyez les réponses dans votre livre spécialisé.

Vous pouvez inviter toutes sortes d'animaux sauvages à vivre autour de chez vous en leur organisant un refuge, que ce soit dans votre jardin, votre cour ou même sur votre balcon. Voici le genre de mesures que vous pouvez prendre dans ce but.

- Semez des fleurs qui attirent les oiseaux et les papillons.
- Installez des abris, des mangeoires et des points d'eau pour les oiseaux.
- Rendez vos barrières accessibles à la faune en y créant des ouvertures pour que les animaux puissent traverser votre jardin.
- Servez-vous de produits de jardinage non toxiques, comme les produits biologiques, et encouragez vos voisins à faire de même.

Une fois ces mesures prises, envoyez un message intuitif à la faune environnante pour expliquer ce que vous avez fait et pour inviter les animaux à venir chez vous.

Quand vous communiquez avec des animaux sauvages, vous dites, vous pensez ou vous ressentez le message que vous souhaitez faire passer, en présumant, comme d'habitude, qu'il est bien reçu par ses destinataires. Posez-leur des questions concernant la vie quotidienne et, comme un journaliste, suivez avec intérêt tout événement qui pourrait se produire. Vous pouvez aussi demander des conseils aux animaux sauvages que vous rencontrez. Vous avez une chance de découvrir, comme l'ont fait Marianne et Willem Pikaart qui m'ont envoyé l'histoire suivante, les sentiments que ces animaux vous portent.

*Un jour, un merle a heurté la porte vitrée donnant sur le jardin et il est tombé sur le sol. J'ai vu tout à coup qu'un chat s'apprêtait à sauter sur lui et j'ai cogné fortement contre la vitre pour lui faire peur. Mon mari est sorti et a chassé le chat. Nous nous sommes rendu compte que l'oiseau était encore vivant. De plus, je le connaissais car je le voyais nourrir ses petits dans le nid qu'il avait construit dans un arbre tout proche. Il fallait donc le sauver. Nous avons pris l'oiseau avec précaution et l'avons installé dans notre serre, en fermant soigneusement la porte pour éviter toute intrusion du chat. Quelques heures plus tard, nous avons vu que le merle bougeait de nouveau. Comme il avait l'air d'aller de mieux en mieux, nous avons décidé de le libérer. Il est sorti de la serre, il a volé jusqu'à notre barrière, s'est retourné pour nous regarder un moment, puis s'est envolé vers son nid. C'était donc une affaire réglée, pensai-je. Ce qui se passa ensuite est difficile à croire. Mon mari était en train de jardiner et moi, je me trouvais à l'intérieur de la maison, mais nous avons entendu tous les deux la même chose : une centaine d'oiseaux au moins, de différentes espèces, s'étaient mis à chanter tout à coup, en chœur. Cela a duré quelques instants. Nous n'avions jamais rien entendu de pareil. Peut-être nous offraient-ils ce concert pour nous remercier d'avoir sauvé le merle ?*

## Les « nuisibles »

« D'accord, je vais prendre toutes les mesures que vous me suggérez, mais qu'est-ce que je vais faire si ma maison est envahie par des insectes ou des animaux nuisibles ? » allez-vous me dire.

D'abord, certains de ces « nuisibles » peuvent être très appréciés : ainsi, un entomologiste peut avoir une passion pour les moustiques et moi-même, j'adore les putois, au point d'apprécier leur odeur ! Si les seuls animaux que vous avez chez vous sont des

« nuisibles », eh bien, c'est avec eux que vous devez communiquer. J'ai eu une conversation des plus intéressantes avec une guêpe. Je lui ai posé des questions concernant ses amis, ses activités, ses aliments préférés et ses sentiments envers les humains. Cette conversation a transformé ma relation avec ces insectes. Je n'en ai plus peur et je leur demande désormais très poliment de bien vouloir s'éloigner quand elles me gênent et, en général, c'est ce qu'elles font.

Joanne Lauck, qui a écrit un livre sur « la voix de l'infini dans le monde minuscule » *(The Voice of the Infinite in the Small),* nous encourage à revoir entièrement nos relations avec les animaux que nous considérons comme nuisibles et je suis d'accord avec elle. Je n'ai pas encore atteint le niveau de Joanne Lauck qui s'entend avec toutes les espèces, mais j'ai changé mes sentiments à l'égard des animaux dont j'avais peur ou que je détestais. J'y suis parvenue en communiquant avec eux et en découvrant qui ils sont vraiment. Le fait d'entrer en contact avec un insecte ou tout autre animal qui vous inspire du dégoût ou de la crainte peut beaucoup vous éclairer. Essayez donc de communiquer avec la mouche qui ne cesse de voler autour de vous dans la cuisine !

J. Allen Boone, qui a écrit sur nos relations avec toutes les formes de vie, avait un talent particulier pour communiquer avec les « nuisibles ». Ainsi, il parla poliment aux fourmis qui envahissaient sa cuisine, d'égal à égal et réussit à les faire partir. Il parla également aux serpents qui se trouvaient dans les prairies d'un de ses amis et parvint à ce que ces derniers se trouvent un autre terrain de jeu. Il avait pour seule technique de se montrer respectueux, de traiter tous les êtres comme des égaux et de ne demander que des choses raisonnables. J'ajouterai un quatrième aspect : offrir une récompense. Si vous souhaitez que les fourmis partent de chez vous, offrez-leur du sucre dehors. Cela vaut la peine d'essayer, avant de vous précipiter sur des substances toxiques en espérant les décimer.

D'un autre côté, il m'est arrivé d'avoir un essaim de guêpes dans mon jardin, que j'acceptais de partager avec elles. Mais leur nombre ne cessait d'augmenter. Les guêpes finirent par devenir agressives dès que quelqu'un passait près d'elles et je dus me résoudre à détruire l'essaim. Parfois, on n'a pas d'autre solution. Mais en cherchant bien, on peut trouver, pour contrôler la population de ces « nuisibles », des moyens non toxiques et non violents.

## Rencontres dans la nature

Lorsque vous faites une randonnée en pleine nature, vous rencontrez souvent des animaux, mais de manière furtive. Pourtant, vous pouvez communiquer intuitivement avec eux en les saluant, en leur expliquant que vous apprenez leur langage et en leur posant des questions. Même s'ils s'envolent ou s'ils disparaissent soudain de votre vue, vous pouvez poursuivre la conversation car l'animal n'a pas besoin d'être présent quand vous communiquez intuitivement.

Lisa Pesch, qui est vétérinaire, m'a raconté cette expérience.

*Elle marchait dans le parc naturel du Yosemite et, à un moment, elle décida de s'asseoir sur un rocher pour se reposer. Aussitôt, un écureuil apparut devant elle. Elle était si contente qu'elle se mit à lui chanter une chanson. D'autres écureuils apparurent alors, venant de partout et finalement l'endroit fut plein d'écureuils qui semblaient ravis de l'écouter chanter. La scène était si incroyable que Lisa ne voulut pas en rompre la magie. Elle continua à chanter jusqu'à la tombée de la nuit. À regret, elle finit par dire au revoir aux écureuils et par reprendre le chemin du retour.*

## Les animaux : guides et oracles

Les animaux sauvages peuvent nous guider et nous aider s'ils en font le choix. Nous connaissons des histoires relatant la façon dont des dauphins ont sauvé des naufragés, par exemple.

De tout temps, les hommes ont été fascinés par les animaux sauvages, comme en témoignent les fresques préhistoriques découvertes dans des grottes devenues célèbres. Dans l'antiquité, ces animaux étaient considérés comme des sources sacrées de vérité et de connaissance ; ils étaient nos frères et nous recherchions leurs conseils. Mais peu à peu, nous nous sommes séparés d'eux et de la nature en général.

Si nous le souhaitons, nous pouvons nous ouvrir de nouveau au pouvoir des animaux sauvages et les inviter à jouer un rôle dans notre vie. L'histoire suivante m'a été envoyée par Valerie Parks, l'une de mes clientes.

*Les grands chats – ou les félins – ont toujours été importants pour moi. Des lynx sont même entrés dans ma maison. Pour une raison que j'ignore, ce sont mes guides.*

*Quand je vivais dans la montagne, j'avais l'habitude de descendre en ville une fois par semaine pour rendre visite à ma grand-mère et faire des courses. Un soir, sur le chemin du retour – il devait être près de minuit – je prenais un virage en épingle à cheveux quand un grand couguar sauta sur la route et me fit face. Je m'arrêtai, d'une part parce qu'il me bloquait la route, d'autre part parce que j'étais fascinée par sa beauté. Le couguar demeura immobile pendant une vingtaine de minutes, en me regardant fixement. Finalement, il s'étira, traversa la route et s'assit sur le bas-côté comme s'il me disait : « OK, maintenant tu peux y aller. »*

*En arrivant chez moi, j'ai vu qu'il y avait une voiture de police devant ma porte. Mon ex-mari, alcoolique notoire et violent, s'était introduit dans la maison, avait chassé mes chiens et m'attendait, un bidon d'acide à la main, pour me « faire ma fête ». Un voisin ayant repéré mes chiens sur la route avait appelé la police en pensant qu'il avait dû se passer quelque chose. La police m'avait précédée d'une dizaine de minutes. Si le couguar ne m'avait pas barré le passage, je serais arrivée chez moi avant la police, ce qui aurait été une catastrophe. Depuis cet événement, chaque fois que je déprime un peu, je me dis que ce félin avait une raison de me sauver la vie et je me sens à la fois guidée et encouragée.*

Quand nous parvenons à rétablir notre lien avec la nature et avec tous ces êtres qui sont nos guides, nos enseignants et nos égaux, nous pouvons commencer à bénéficier de leur sagesse et de leur aide. Ils nous offrent ces dons sans attendre quoi que ce soit de notre part. En échange, ne pourrions-nous pas leur assurer santé et bonheur ?

## Exercices

Pour entrer en contact avec un animal sauvage, il suffit de se concentrer et de se relier selon les étapes déjà apprises dans le chapitre VIII. Nous pouvons choisir la technique longue ou sa version abrégée et fermer les yeux ou les garder ouverts. Si vous voulez lui poser des questions, vous pouvez vous inspirer de la liste indiquée à la fin du chapitre IX.

Comme vous ne connaissez pas le nom de l'animal, demandez-lui comment il souhaite être appelé. S'il ne vous propose aucun nom, utilisez alors son nom générique : raton laveur, lézard, lynx, écureuil, etc. Si vous cherchez à l'approcher, l'animal risque de prendre la fuite. Cela n'a sans doute rien à voir avec vous. Les animaux sont tout simplement devenus méfiants à l'égard des humains.

Peu importe la distance, vous pouvez communiquer avec eux. Quand je vois passer un faucon au-dessus de chez moi, je peux entrer en contact avec lui et continuer à communiquer même s'il s'est envolé au loin. Il vous suffit de vous relier à cet animal depuis votre cœur et de commencer à converser avec lui.
Je vous ai préparé de nombreux exercices. Lisez-les et choisissez ceux que vous avez envie de pratiquer. Servez-vous de votre bloc-notes pour écrire les résultats de vos communications et toute autre observation.

## Communiquer avec la vie sauvage qui vous entoure

### 1er exercice : Chez vous

Notez les animaux sauvages qui vivent à l'intérieur et à l'extérieur de chez vous, sans oublier les insectes. Une fois que vous avez déterminé avec quelle espèce vous allez travailler, choisissez l'animal qui vous attire ou avec lequel vous vous sentez à l'aise. Entamez la communication avec lui : présentez-vous, expliquez-lui ce que vous faites en indiquant que vous êtes débutant, invitez-le à vous aider. Demandez-lui s'il a un nom par lequel il souhaite être appelé, et c'est à ce moment-là que vous risquez de découvrir s'il s'agit d'un mâle ou d'une femelle. Dites-lui pourquoi vous l'appréciez et ce qu'il représente pour vous. Indiquez-lui que vous voudriez poursuivre vos entretiens dans le futur et demandez-lui s'il est d'accord.
À l'avenir, vous pourrez lui poser des questions concernant sa biologie et vérifier les réponses obtenues dans un livre spécialisé. Vous pourrez aussi vous inspirer de la liste des questions fournie dans le chapitre IX.

### 2e exercice : Attirer à vous les animaux sauvages

Si vous aimez les papillons, vous en attirerez sans doute de plus en plus en allant simplement dehors annoncer que c'est ce que vous souhaitez. Vous pourriez aussi modifier un peu votre environnement pour attirer davantage d'animaux sauvages : des plantes mellifères, un petit bassin pour les oiseaux, une mare pour les libellules... Une fois les installations terminées, annoncez la nouvelle aux animaux et invitez-les à vous rendre visite.

### 3e exercice : Demander conseil

Choisissez pour partenaire un animal avec lequel vous vous sentez en phase. Il peut s'agir d'un animal que vous avez connu dans le passé, ou bien qui existe dans le temps présent. Pour entrer en contact avec lui, fermez les yeux et imaginez le devant vous. Demandez-lui son nom et s'il a un conseil à vous donner. Ce peut être à propos d'un sujet général, ou bien précis, qu'il soit futile ou sérieux. Continuez à lui poser des questions jusqu'à ce que vous compreniez bien le conseil que l'animal vous donne, puis remerciez-le.

### 4e exercice : Communiquer avec un animal déplaisant ou effrayant

Ne vous inquiétez pas, vous n'aurez pas à vous en approcher ! Après avoir choisi un animal que vous n'aimez pas ou dont vous avez peur, souvenez-vous de la dernière fois que vous l'avez vu, même s'il s'agit d'une image ou d'une photo. Fermez les yeux, imaginez-le à une distance suffisante de vous, expliquez-lui ce que vous faites et demandez-lui son nom. Ensuite, posez-lui des questions que vous aurez choisies au préalable dans la liste fournie au chapitre IX. En terminant la communication, demandez-lui s'il a quelque chose à ajouter et dites-lui tout ce que vous souhaitez lui exprimer ; puis remerciez-le.

**5e exercice : Rencontre d'animaux au cours d'une randonnée**

Accueillez mentalement les animaux sauvages que vous voyez quand vous marchez dans la nature. Appréciez-les, indiquez-leur que vous souhaiteriez entrer en contact avec eux. Demandez-leur leur nom, posez-leur des questions. Vous pouvez aussi chanter pour eux.

**6e exercice : Travailler dans un refuge**

En travaillant en tant que bénévole dans un refuge ou une clinique pour animaux sauvages, vous allez voir différentes espèces. Communiquez intuitivement avec les animaux pour lesquels vous vous sentez une affinité. Vous pouvez tenter un bilan de santé intuitif et travailler avec l'énergie de guérison, comme nous l'avons décrit dans le chapitre XII.

**7e exercice : Découvrir un guide**

En observant bien la nature vous pouvez repérer un animal qui semble toujours se trouver sur votre chemin. Demandez-lui s'il est votre guide, ou bien demandez qui est votre guide à la connaissance universelle. Une fois que vous aurez identifié votre animal guide, remerciez-le de vous apporter son aide. Demandez à recevoir ses conseils et vous les obtiendrez en temps voulu. Vous pouvez l'inciter à vous répondre sur des sujets concernant votre vie, ou votre avenir. Si vous avez apprécié l'expérience du « voyage intérieur » décrite à la fin du chapitre VIII, vous pouvez la recommencer avec l'animal sauvage qui est votre guide.

Quand nous parvenons à rétablir notre lien avec la nature et avec tous ces êtres qui sont nos guides, nos enseignants et nos égaux, nous pouvons commencer à bénéficier de leur sagesse et de leur aide.

# XV
# Le monde végétal et les paysages

VOUS M'AVEZ SUIVIE JUSQU'À PRÉSENT. D'accord, les animaux peuvent nous ressembler et se comporter comme nous, du moins certains d'entre eux. Donc, c'est plutôt logique de pouvoir communiquer avec eux. Mais avec des végétaux ? Et des montagnes ? C'est du délire !

Il est plus facile de sauter du monde animal au monde végétal quand on passe beaucoup de temps dans la nature. Tous les jardiniers que j'ai rencontrés finissent par admettre qu'ils parlent à leurs plantes et qu'elles leur répondent. Ils sentent intuitivement les besoins de la plante et ils ont l'impression que c'est elle, en fait, qui le leur dit.

À notre époque, la plupart des humains considèrent les plantes et les éléments du paysage comme des objets. Pourtant, comme je l'ai mentionné dans l'introduction de ce livre, les peuples indigènes vivant encore de façon traditionnelle estiment que les plantes, les arbres, les rivières, les rochers, les montagnes, ont un esprit et une conscience. Ils s'adressent à l'esprit de chacun de ces êtres, notamment ceux qu'ils doivent tuer pour pouvoir survivre. Cette vision a été perdue en grande partie, mais elle reste accessible si on le souhaite. Pour moi, c'est l'expression de notre vraie nature.

Tandis que j'effectuais certaines recherches avant d'écrire ce livre, j'ai découvert l'histoire de George Washington Carver, relatée dans un livre appelé *La vie secrète des plantes.* Il me semble que Carver illustre l'esprit ancien qui se trouve juste sous la surface de notre mental. Carver est connu pour ses études sur la botanique, mais pour moi, c'est l'histoire de sa vie et de ses relations avec les plantes qui est fascinante.

*Il est né dans le Missouri juste avant la Guerre Civile. Il se décrit comme un enfant fragile, solitaire, doté d'une voix aiguë. Très jeune, il a rassemblé divers matériaux au cours de ses promenades et s'est construit une sorte de serre. Il se servait de plantes sauvages pour guérir de façon quasi miraculeuse les animaux domestiques de ses voisins. Quand on lui demandait ce qu'il faisait de ses journées, il répondait qu'il travaillait à son « hôpital » pour soigner des plantes malades. Les gens prirent l'habitude de lui apporter leurs plantes d'intérieur. Il chantait pour elles, les alimentait avec un compost spécial et les sortait pour « jouer » au soleil. Il disait qu'il réussissait à les soigner parce que les fleurs et tout ce qui vivait dans les bois, communiquaient avec lui. Il les écoutait et il les aimait.*

*Carver obtint un diplôme de chimie agricole et dirigea le département agricole de l'Institut Normal et Industriel de Tuskegee, dans l'Alabama.*

*Il créa une révolution dans les cultures du Sud en trouvant différentes utilisations de la cacahuète et de la patate douce dans toutes sortes d'industries. Grâce à l'aide que lui apportaient les plantes, il découvrit de nombreuses teintures naturelles à un moment où, à cause de la Première Guerre Mondiale, il y avait fort peu de teintures disponibles. Mais ses méthodes demeuraient mystérieuses pour ceux qui l'entouraient. Carver prétendait qu'il avait des éclairs d'inspiration au cours de ses promenades dans les bois. Il déclarait que les secrets qu'il découvrait se trouvaient dans les plantes elles-mêmes et qu'il suffisait d'aimer suffisamment ces dernières pour y avoir accès.*

Un autre génie reconnu, Luther Burbank, surnommé le « magicien de l'horticulture », réussit à produire l'équivalent d'un nouveau spécimen végétal par semaine au cours de sa carrière et personne n'a surpassé ce record jusqu'à présent. Lui aussi parlait à ses plantes et leur envoyait de l'amour. Il était convaincu que les plantes pouvaient le comprendre quand il s'adressait à elles.

## Une autre vision du monde

Comment ces hommes célèbres, au génie reconnu par tous, ont-ils pu croire que les plantes nous parlent et que nous pouvons les entendre, alors qu'on nous a appris que ce genre d'idée était absurde ? Comment des peuplades indigènes, un peu partout dans le monde, entretiennent-elles une relation féconde et enrichissante avec la nature tandis que nous en sommes séparés ? La réponse, selon les penseurs les plus connus dans ce domaine, se trouve dans la cosmologie défectueuse adoptée par notre société moderne, car elle ne reflète pas la réalité. En effet, on nous apprend depuis l'enfance que la matière n'a ni conscience, ni esprit, ni émotion et que seuls les humains sont dotés de ces attributs.

Ça, c'est l'ancienne cosmologie.

La nouvelle cosmologie, énoncée par Targ, de Quincey et d'autres, nous dit que la nature est constamment en communication avec l'ensemble de ses constituants. Toute la matière – jusqu'à la cellule, l'atome, la particule quantique – est douée de conscience et d'émotion. Autrement dit, la totalité de la matière dans l'univers peut ressentir quelque chose et nous sommes en interaction avec elle.

## Un jardin florissant

Au cours d'expériences menées aux États-Unis, en Europe et en Russie, des chercheurs ont obtenu des résultats similaires. Ils ont découvert que les plantes nous perçoivent, réagissent à des stimuli positifs et négatifs, lisent nos pensées et anticipent nos actions. Malgré les preuves convaincantes fournies par ces expériences, la plupart des scientifiques ont préféré ignorer ces découvertes. Pourquoi ? Sans doute parce que la science dite moderne est basée sur l'ancienne cosmologie. Sa remise en question constitue un immense défi à relever.

Vous pouvez, quant à vous, vérifier par vous-même les récentes découvertes sur les plantes, en communiquant avec elles par le biais des mêmes techniques que vous avez apprises pour dialoguer avec les animaux. Asseyez-vous dans votre jardin ou bien près de vos plantes d'appartement. Dites-leur à quel point vous les appréciez et encouragez-les à pousser et à bien se porter. Posez-leur des questions sur leur biologie, puis vérifiez vos réponses dans un livre spécialisé ou sur Internet. Demandez-leur de vous confier leurs secrets, comme l'on fait Carver et Burbank. Si elles se sentent suffisamment aimées, peut-être le feront-elles.

*Laura Lathrop, l'une de mes étudiantes, a reçu, au cours de l'un de mes stages, une communication d'un arbre et elle a pu la vérifier plus tard. Elle avait demandé à un sapin comment il se portait. L'arbre lui a indiqué qu'il avait besoin d'eau et que l'une de ses branches, qui se trouvait à mi-hauteur de son tronc, était malade. On appela un expert, qui découvrit que l'arbre souffrait d'une infestation d'insectes dans une branche se trouvant à mi-hauteur. Il nous conseilla aussi d'arroser l'arbre car, d'après lui, ce genre de sapin est susceptible d'être infesté par les insectes quand il manque d'eau. Bien sûr, nous n'avions pas parlé à l'expert de la communication reçue par Laura.*

Si vous voyez que l'une de vos plantes est envahie par des insectes, tentez de communiquer avec ces derniers. Pourquoi s'attaquent-ils à cette plante en particulier ? Accepteraient-ils de moins l'infester ? Demandez ensuite à votre plante si elle sait pourquoi elle est attaquée. Vous allez peut-être découvrir quelque chose qui vous permettra de la rendre plus forte. Ou bien vous allez apprendre que cette interaction entre les insectes et la plante est nécessaire et qu'il ne faut pas vous en mêler.

Si vous avez des herbes indésirables dans votre jardin, essayez de leur parler. Voyez si vous parvenez à un accord afin de pouvoir coexister avec elles. N'oubliez pas de leur envoyer de l'amour.

Les gens qui ont créé les jardins et la communauté de Findhorn, au nord de l'Écosse, ont réussi à faire pousser des plantes dans une mauvaise terre pleine de sable, alors que personne ne pensait que c'était possible. D'après eux, le secret de leur succès fut leur alliance avec les esprits de la nature – ces esprits qui protègent les plantes et la terre. Le folklore celtique est plein de références aux esprits de la nature : d'ailleurs, presque tous les folklores y font allusion. Vous aussi, vous pouvez travailler avec eux. Vous pouvez les appeler, les reconnaître, les accueillir et les inviter à vous aider. Il n'est pas trop tard pour retrouver la sagesse et les façons de faire de nos ancêtres.

## La flore sauvage

Pendant des millénaires, les humains se sont soignés avec des plantes. Selon la tradition des Indiens Cherokee, les plantes ont eu pitié des humains et leur ont offert des remèdes à leurs maux. Les indigènes, ainsi que tous les herboristes que j'ai rencontrés, ont une approche des plantes médicinales pleine de respect. Ils indiquent aux plantes la maladie qu'ils cherchent à guérir, ils leur demandent de les aider, et ils laissent des cadeaux pour les remercier. C'est ainsi, grâce à cet échange entre égaux, que les gens ont pu découvrir les propriétés des plantes à l'origine. Peu de gens se rendent compte que de nombreux médicaments actuels sont dérivés de plantes médicinales connues depuis la nuit des temps.

Les essences de fleurs constituent une autre forme de soin par les plantes qui provient, elle aussi, d'une interaction intuitive entre les humains et les végétaux. Certaines personnes communiquaient avec les fleurs et leur demandaient quel genre d'état émotionnel elles pouvaient équilibrer. Une fois cette qualité déterminée, l'essence était préparée en plongeant les fleurs dans de l'eau pendant un certain temps. On les retirait ensuite et l'eau avait retenu l'essence de la fleur. On la donnait alors à un animal, à un humain ou à une autre plante en sachant que ce liquide allait transmettre l'élément émotionnel associé à la fleur. Ainsi, la lavande a la propriété de transmettre son calme.

Les plantes nous offrent leur aide, mais ce n'est pas leur but sur terre. Elles ont leur propre réalité et forment des communautés, tout comme nous. Elles sont liées entre elles et comptent l'une sur l'autre. Cela, les humains l'oublient en général.

*Julia Butterfly Hill raconte qu'elle est restée longtemps dans un vieil arbre appelé Luna, dans le nord de la Californie, pour protester contre la destruction de la forêt environnante. La déforestation s'est faite avec violence : Julia et Luna ont observé les hélicoptères qui ne cessaient de tourner pour emporter les arbres à mesure qu'ils étaient abattus dans un bruit assourdissant. Une fois le massacre terminé, Julia a raconté que Luna s'est mis à pleurer. De la résine en forme de larmes a coulé tout le long de son tronc magnifique. Ses racines, qui le reliaient à l'ensemble de sa communauté, avaient été tranchées.*

Quand j'anime un stage sur la communication avec la nature, presque tous mes étudiants se souviennent d'un arbre qui a marqué leur enfance – qui leur a servi d'ami, de confident, qui alliait force et beauté. Comment nous sommes-nous éloignés à ce point de la vérité de la nature qui nous semblait évidente quand nous étions plus jeunes ? Les arbres sont d'une grande sagesse, certains sont très anciens. Ils peuvent nous servir d'enseignants, de guides, d'oracles. Pour retrouver leur amitié, il nous suffit de nous asseoir, le dos contre leur tronc et de communiquer avec eux.

## L'esprit d'un lieu

Non seulement je suis convaincue que vous pouvez parler avec le monde végétal, mais je crois aussi que vous pouvez communiquer avec les éléments qui constituent un paysage : les sources, les rivières, les montagnes, les grottes... De plus, je crois que chaque endroit sur terre a un esprit et que vous pouvez communiquer avec lui.

Près de l'endroit où je vis se trouve le Mont Tamalpais – un nom qui signifie « jeune fille endormie » en amérindien. Quand je lui rends visite, j'ai toujours une grande émotion en voyant la beauté qu'il dégage. Si la peur m'envahit ou si j'ai besoin d'aide, je l'appelle et je l'imagine dans mon cœur, ce qui me donne du courage. Je lui demande de me dire la vérité et j'obtiens toujours une réponse. Cette montagne est pour moi un guide, je lui parle comme je parlerais à ma mère. Cela peut paraître étrange de communiquer ainsi avec une montagne, mais pourtant c'est bien réel.

Si nous pouvons parler aux animaux et aux végétaux, pourquoi ne le pourrions-nous pas avec le reste de la nature ? Là où vous habitez en ce moment, que ce soit dans le désert, au bord d'un lac, ou dans un gratte-ciel, vous pouvez prendre contact avec l'esprit du lieu. Reconnaissez-le, appréciez-le, honorez-le, communiquez avec lui et demandez-lui d'être votre allié. Observez ensuite ce qui se passe.

## Exercices

Choisissez les exercices qui vous plaisent parmi tous ceux que je vous propose ci-dessous. Concentrez-vous, entrez en contact selon les étapes décrites au chapitre VIII, puis communiquez comme vous l'avez fait avec les animaux.

### 1er exercice : Qui touche qui ?

Asseyez-vous le dos contre un tronc d'arbre, ou bien placez vos mains sur une fleur, une pierre, ou sur la terre. Concentrez-vous sur le fait que cet arbre, cette pierre, cette fleur ou la terre ressent aussi votre toucher. Tout comme vous êtes conscient de la présence de cette pierre ou de cette fleur, l'esprit de cette pierre ou de cette fleur a conscience de votre présence. Demandez à l'élément que vous touchez s'il a un message pour vous.

### 2e exercice : Chanter

D'après mon expérience, les êtres de la nature aiment que l'on chante pour eux, même si on chante faux. Quand vous jardinez, ou quand vous vous promenez, essayez de chantonner. Vous pouvez inventer une chanson pour un être particulier, que ce soit un arbre ou le vent, ou bien vous pouvez chanter une chanson connue. Demandez-leur ensuite si cette chanson leur a plu.

### 3e exercice : Apprécier

Communiquez avec les plantes de votre jardin, les arbres d'un parc ou les plantes sauvages que vous voyez en vous promenant. Dites-leur à quel point vous les appréciez, expliquez-leur ce qu'ils représentent dans votre vie et parlez des espoirs et des rêves que vous avez pour eux, puis demandez-leur s'ils ont un message pour vous.

### 4e exercice : Harmoniser

Communiquez avec une plante malade. En vous servant de votre intuition, faites l'examen de la plante et déterminez ses besoins. Envoyez-lui de l'énergie si elle le souhaite, ainsi que votre amour. Imaginez-la en pleine santé et envoyez cette image à la plante. Faites-le chaque jour et observez ce qui se passe.

### 5e exercice : Honorer

Inventez un rituel pour honorer un aspect de la nature, par exemple, un lac ou un arbre. Laissez une offrande (du miel, des herbes, une partie de votre repas...) près du lac ou au pied de l'arbre en lui disant pourquoi vous l'honorez. Vous pouvez honorer ainsi tout être dans la nature.

### 6e exercice : Communiquer avec les végétaux et les « nuisibles »

Coiffez votre casquette de journaliste et posez des questions à un arbre ou à une plante à propos de leur vie, de leurs sentiments, de leur biologie. Vérifiez les réponses si vous le pouvez. Demandez s'ils ont une question à vous poser. En cas d'infestation de nuisibles, communiquez avec ces derniers. Demandez aux insectes de ne pas détruire les plantes. Essayez de découvrir la raison de l'infestation et voyez comment augmenter la résistance de la plante. Offrez aux insectes de partager, faites des compromis. Faites de même avec les mauvaises herbes. Voyez ce qui se passe ensuite.

### 7e exercice : Travailler avec les esprits de la nature

Faites bon accueil aux esprits des plantes et de l'endroit où vous vivez, dites-leur à quel point vous les appréciez. Si vous souhaitez obtenir quelque chose de particulier des plantes ou de l'endroit, demandez aux esprits de vous aider. Faites leur une offrande et/ou créez, si vous le souhaitez, un rituel pour les honorer.

### 8e exercice : Connaître et protéger la « biorégion »

Apprenez ce que vous pouvez sur votre « biorégion » – l'environnement naturel et les écosystèmes de l'endroit. D'où vient votre eau ? Observez la faune et la flore. Découvrez quelle était l'écologie de votre région avant qu'elle ne soit transformée pour correspondre au monde moderne. Quelles étaient les espèces animales, les migrations, les espèces végétales ? Joignez-vous à un groupe travaillant à protéger la « biorégion ».

### 9e exercice : Découvrir un allié dans la nature

Cela peut prendre du temps : il vous faut être attentif aux plantes, ainsi qu'aux éléments du paysage et leur rendre visite. Quel est l'être qui vous semble un allié ? Y a-t-il une fleur, un arbre, une colline, une rivière qui vous attire, comme s'il vous invitait sans cesse à revenir le voir ? Une fois que vous avez découvert votre allié, demandez-lui aide et conseil. Demandez aussi le nom de cet esprit.

### 10e exercice : Le paysage et les éléments

Vous pouvez communiquer avec tous les aspects de la nature : les lacs, les fleuves, les mares, l'océan, la pluie, les montagnes, le sol, les rochers, sans oublier le vent et le feu...
Et vous découvrirez peut-être, comme je l'ai fait avec la montagne, que l'un de ces aspects de la nature revêt une importance particulière pour vous.

# XVI

# Collaborer avec la Terre

Au cours de l'un de mes stages, j'ai lu aux participants un texte soulignant que les animaux et les êtres du monde naturel souhaitent que nous, les humains, nous apprenions de nouveau à nous relier et à communiquer avec eux pour qu'ensemble, nous nous efforcions de sauver la planète.

Quand j'ai terminé ma lecture, Brydie, ma chienne, qui s'était assise près de moi dans mon fauteuil, a posé doucement sa tête sur mon cœur et a fermé les yeux. Elle est demeurée ainsi un long moment tandis que nous la regardions tous avec stupéfaction. Elle ne s'était jamais comportée ainsi. Elle était en train de me dire qu'elle était parfaitement d'accord avec le texte que je venais de lire et qu'elle voulait que ce changement se produise maintenant.

Je crois que les autres formes de vie sont conscientes de ce qui se passe sur notre planète en ce moment et qu'elles savent à quel point la situation est grave. Elles espèrent notre collaboration avec elles afin d'éviter la destruction totale. Mais les humains ont pris l'habitude de se voiler la face en refusant d'affronter les problèmes.

# Que faire ?

Je n'ai pas toutes les solutions, mais je suis sûre d'une chose : notre façon d'agir doit changer. La façon dont nous cultivons la terre, les ressources naturelles que nous exploitons et notre style de vie, – y compris le commerce, les voyages, la répartition de la richesse, ainsi que la coexistence à tous niveaux : entre les hommes et les femmes, entre les races, les cultures, les espèces – tout cela doit se transformer à l'échelle mondiale. Sinon, nous détruirons toute vie sur la planète, dont la nôtre, dans un avenir proche.

Théodore Rozak, qui prône l'« écopsychologie », affirme qu'à un niveau profond, inconscient, la plupart d'entre nous se désolent de ce qui arrive à la terre et à la nature. Pour surmonter ce désespoir, nous cherchons à nier la situation. Pour éviter de ressentir notre souffrance, nous prétendons que la terre ne va pas si mal et que notre comportement ne la met pas en danger. Mais cette « politique de l'autruche » ne fait qu'aggraver les choses et elle nous empêche d'agir.

Il n'est pas facile de rester conscient ; pourtant, c'est ce que font les militants pour la protection de l'environnement. Voici l'histoire que m'a racontée l'un de mes amis à propos d'une militante.

> *Après avoir protesté pendant des années par tous les moyens non violents contre la destruction des forêts, cette femme a été saisie d'une colère et d'une souffrance si fortes que ses amis et ses relations ne souhaitaient même plus la voir. Elle raconta à l'un de mes amis qu'un jour elle se trouvait dans un bois dont les arbres avaient été marqués en vue de leur prochain abattage et qu'elle s'est mise à pleurer à chaudes larmes. Elle a alors senti que les arbres entraient en communication avec elle. Ils lui dirent qu'ils ne voulaient pas qu'elle sacrifie son équilibre pour eux. Ils la considéraient comme leur alliée et ils souhaitaient qu'elle*

*demeure forte et stable pour qu'elle continue à être leur porte-parole dans le monde des humains. Cette expérience transforma le point de vue de cette femme sur son travail de militante et lui permit d'accepter la souffrance immense qu'elle ressentait en voyant la détresse de la planète. Ces arbres condamnés à mort lui avaient transmis une sorte de grâce avant d'être abattus.*

Peut-être pourrions-nous imiter l'approche de cette militante et discuter de la situation de la planète avec les êtres non humains afin de trouver ainsi la force de l'aider sans être submergés par nos émotions.

Les êtres non humains de la planète nous font passer ce message : « Ne nous abandonnez pas, ne nous rejetez pas ! » Il est clair qu'au lieu de nous réfugier dans le déni, nous pourrions joindre nos forces partout dans le monde et protester contre ce qui se passe, jusqu'à ce que notre nombre et la puissance de notre engagement dépassent le poids des multinationales et des gouvernements qui détruisent la Terre.

## Idées pour une collaboration

Souvenez-vous, au début de ce livre, je vous ai raconté l'histoire de la tribu U'wa, qui avait réussi à persuader les nappes de pétrole situées sous leur territoire de « se cacher » afin que les sociétés pétrolières intéressées ne puissent les trouver. Et si nous imitions les U'wa ? Si nous parvenions à persuader toutes les nappes de pétrole de se dissimuler loin des foreuses ? Nous serions alors obligés de faire ce que nous aurions dû faire depuis longtemps : utiliser des ressources d'énergie renouvelables, telles que le méthane, le vent, le soleil, l'hydrogène, le colza et bien d'autres…

Vous trouverez ci-dessous des suggestions qui nous permettraient de collaborer avec la terre. En mêlant ces techniques aux activités effectuées sur le plan physique par les militants pour la protection de l'environnement, nous pourrions aider à transformer la situation à la fois au niveau spirituel et au niveau matériel.

## Vous êtes ce que vous imaginez

Carolyn Casey écrit dans son livre *Making the gods work for you,* que nous obtenons ce sur quoi nous nous concentrons. Aussi est-il bon d'imaginer ce que nous voulons vraiment voir se passer dans notre vie et sur la terre, même s'il s'agit de nos rêves les plus fous. Pour cela, imaginez ce que vous souhaitez comme si cela était en train de vous arriver. Fermez les yeux, servez-vous de tous vos sens, imaginez la scène et vivez-la. Pratiquez cela fréquemment, surtout lorsque des pensées négatives vous harcèlent.

## Rituels

Nos ancêtres accomplissaient des rituels pour inciter la pluie à tomber et les cultures à croître. Ils sollicitaient l'aide des éléments, des esprits de la nature, des animaux et des végétaux. Inventez vos propres rituels pour demander ce que vous souhaitez. Vous pouvez par exemple demander au vent de changer le cœur des humains, puis étendre la main et souffler sur la poignée de graines de maïs que vous y aurez mise au préalable, de façon à ce que les graines se mêlent à la brise, en guise d'offrande et d'incitation à se mettre au travail.

## Rêver un monde nouveau

Vos rêves sont puissants. Certaines tribus aborigènes croient que le temps du rêve est le temps réel. Servez-vous de vos rêves pour transformer les situations. Avant de vous endormir, pensez à ce que vous souhaitez accomplir, ou à ce que vous aimeriez voir se manifester. Demandez-le à haute voix. Pendant que vous dormez, ces pensées vont se manifester dans le monde. Vous pouvez aussi demander à recevoir des conseils dans vos rêves. Faites-le de façon bien précise, juste avant de sombrer dans le sommeil. Ayez un carnet et un crayon à portée de main, de façon à noter vos rêves dès que vous vous réveillez.

## Parler aux esprits

Si vous avez un problème avec quelqu'un, parlez à cette personne d'esprit à esprit. Imaginez que vous vous rencontrez dans la nature, dans un lieu protégé. Vous pouvez inviter vos guides à participer à cette rencontre. Les yeux clos, vous vous voyez dans cet endroit et vous imaginez que vous conversez avec cette personne, en vous exprimant à partir de votre cœur. Dites-lui tout ce que vous n'avez jamais pu lui dire et expliquez-lui ce que vous souhaitez. Écoutez bien ses réponses et terminez la conversation quand vous le désirez. Soyez conscient que certaines personnes sont incapables de changer leur façon d'agir, même si leurs actions sont très nuisibles. Invitez l'univers à harmoniser l'énergie de ces personnes et à résoudre les situations qu'elles ont pu provoquer. Voyez ensuite la personne s'éloigner de vous. Éloignez-vous à votre tour et revenez dans votre corps et à votre état normal de conscience.

> Je n'ai pas toutes les solutions,
> mais je suis sûre d'une chose :
> notre façon d'agir doit changer.

## Prier

Dans l'un de ses livres, *Medicine for the Earth,* Sandra Ingerman raconte l'histoire de moines bouddhistes qui sont venus en Californie il y a quelques années, à un moment où l'on prévoyait un séisme majeur. Paniqués, les gens commençaient à fuir Los Angeles. Les moines vinrent prier en apportant le message suivant : quand il y a un problème ou un bouleversement, la meilleure chose à faire est de se rassembler et de prier. Le tremblement de terre attendu ne s'est pas produit. Qui peut dire si les moines n'ont pas contribué à éviter ce séisme ?

Consacrez cinq minutes par jour à la prière. Priez pour que les changements que vous souhaitez voir sur la terre et dans votre vie s'accomplissent. Essayez de le faire chaque jour à la même heure, de façon à ce que cela devienne une habitude.

## Harmoniser

En vous servant des techniques décrites pour harmoniser les animaux dans le chapitre XII, envoyez de l'énergie d'harmonisation aux lieux qui en ont besoin. Faites-le quotidiennement. Vous pouvez former un groupe dans ce but afin d'accroître la puissance et l'intensité de ce travail.

## Maintenant que vous savez entendre, il est temps d'écouter !

Si ma méthode est bonne, vous devriez être capable d'entendre les voix de la nature, désormais. Alors sortez et allez repérer les animaux, les plantes et les endroits qui sont vos guides. Lorsque vous les aurez trouvés, demandez-leur ce que vous pouvez faire pour aider le monde, sachant que l'enjeu actuel est la vie ou la mort de la planète. Demandez au fleuve, au chêne, au renard roux, à l'océan, à la libellule, au marais, au faucon, à la fougère, au raton laveur, à la chauve-souris, au dauphin, au chardon, à la chute d'eau, à la rainette verte, au buisson d'épineux, à la couleuvre, à la pierre ou à la montagne… Maintenant que vous pouvez les entendre, écoutez-les !

# RÉPONSES AUX QUESTIONS DES EXERCICES

## Chapitre VI

Ce sont mes partenaires animaux que vous voyez sur les photos. Si certaines réponses que vous avez obtenues ne figurent pas parmi celles que je donne ci-dessous, ne pensez pas pour autant qu'elles sont fausses, car elles concernent peut-être des aspects de la personnalité de l'animal que je ne mentionne pas. En revanche, ne comptez pas ces réponses quand vous calculez votre pourcentage de réussite.

### Hazel

Âgée de 20 ans en 2005.
Personnalité : intelligente, agile, futée, inventive, jalouse, créative, profonde.
Elle est joueuse et elle m'aide à écrire. Elle réfléchit beaucoup, sait chasser, communique bien, se montre amicale envers les

autres chats s'ils sont gentils. Elle fait moins confiance aux chiens, mais peut s'en accommoder s'ils sont sympas. Elle souhaite attirer l'attention et l'admiration.

- Ce qu'elle aime : jouer, chasser, taquiner les chiens, observer du haut d'un perchoir, aller sur le toit, faire rire les gens, être caressée, dormir sur des coussins, les lampes qui donnent de la chaleur, les couvertures douillettes, dormir près de ma tête, déchirer du papier, s'asseoir sur mon bureau, faire tomber des objets de ma commode, avoir des visiteurs, aider les gens à apprendre à communiquer avec les animaux, m'accueillir quand je rentre à la maison, courir à toute vitesse dans la maison, être admirée comme une princesse, explorer, manger du thon et du poulet en conserve, la nourriture crue, la viande séchée, le melon, le fromage, le beurre, les pointes d'asperge et les caresses sur le ventre, le dos, les oreilles et le menton.
- Ce qu'elle n'aime pas : le chat siamois qui vit en face de chez nous, qu'on lui coupe les ongles (sauf si c'est fait par son vétérinaire préféré), certains chiens, surtout ceux qui sont bruyants, ma petite chatte Tule (elle en est un peu jalouse), l'aspirateur, les bruits forts, qu'on l'ignore ou qu'on la néglige, qu'on la tienne trop longtemps dans les bras, qu'on la mette dans la voiture et… vieillir.

## Brydie

Âgée de 10 ans en 2005

Personnalité : très énergique, sportive, vive comme l'éclair, nerveuse, facilement perturbée, amicale, curieuse, excitée, aisément distraite ou effrayée, douce et aimant les caresses. Elle est toujours affairée, se sent rarement en sécurité, a été maltraitée dans le passé, ne mange pas n'importe quoi et a le sens de l'humour. Elle sourit beaucoup, elle a tendance à vouloir s'imposer au milieu d'autres chiens, mais elle finit par jouer avec eux et par se calmer.

- Ce qu'elle aime : courser et surveiller les chats, creuser des trous dans la terre, dormir sur le lit, se promener, ne pas être en laisse, se blottir contre quelqu'un, courir – surtout dans les prés ou dans les marécages, jouer avec d'autres chiens, courir derrière une balle (ou autre chose), déchirer des papiers, s'asseoir dans les fauteuils, aller au bord du lac ou de l'océan, voyager en voiture, manger des friandises, des légumes, de la viande crue, des os, des cookies, du fromage, des pommes de terre, des œufs. Ses amis sont Max (un gros chien blanc) Marmelade (un chat orange, aujourd'hui décédé), Hazel, Tule (une petite chatte que je viens d'adopter), Bear (mon chien noir) et Dougal (mon grand chien brun qui est mort récemment).
- Ce qu'elle n'aime pas : Jenny (ma vieille chatte), qu'on la dérange quand elle dort, aller chez le vétérinaire (mais elle aime voir des chats là-bas), qu'on lui coupe les ongles, que je m'en aille, les bruits violents, les gens en colère, les bains, le collier et la laisse.

## Dylan

Âgé de 24 ans en 2005

Personnalité : calme, intelligent, réfléchi, gentil, agréable, pas trop dominant, compatissant, heureux, satisfait et pas très travailleur. Il a un excellent sens de l'humour, n'aime pas se bagarrer, est stoïque, se laisse dominer par les autres dans un troupeau, aime jouer et être à l'aise. Il peut se montrer un peu têtu ou impatient. Il est dressé à la voix et se montre coopératif la plupart du temps.

- Ce qu'il aime : courir et jouer avec les chiens et d'autres chevaux, jouer avec les gens, manger de l'alfalfa (sorte de luzerne), des morceaux de sucre, tout ce qui est sucré, les carottes, les herbes médicinales, les céréales, les granulés pour chevaux, aller se promener, se trouver dans une grande prairie, dans un troupeau, au chaud, se coucher sur quelque chose de doux la nuit, voir du paysage, manger de l'herbe, être brossé et pansé, qu'on lui gratte l'intérieur des oreilles, les massages, les visiteurs, faire rire les gens, leur parler et leur apprendre la communication intuitive.

- Ce qu'il n'aime pas : les chats qui lui sautent sur le dos, les chiens qui le poursuivent, les cochons, les coups de feu, être malade, avoir mal aux pieds, voyager dans des vans, déménager, être sous la pluie, être seul, les couvertures pour chevaux, se trouver loin d'autres chevaux, les gens méchants, les chevaux tristes, les bruits bizarres, l'eau froide, les traitements ostéopathiques, les médicaments qu'on lui administre dans la bouche à l'aide d'une seringue.

## Calcul des résultats

Faites la somme de vos réponses justes pour chaque animal. Si vous avez des réponses justes à propos de ce qu'il aime ou de ce qu'il n'aime pas alors qu'elles concernaient la personnalité, comptez-les. Faites ensuite la somme de vos réponses inexactes, en omettant les réponses qui ne se trouvaient sur aucune liste.

Pour calculer votre pourcentage d'exactitude, additionnez le nombre de réponses inexactes et celui de réponses justes. Ainsi, si vous avez 20 réponses justes et 8 inexactes, le total sera de 28. Le pourcentage d'exactitude sera, en prenant l'exemple des 20 réponses justes et du nombre total de réponses, équivalent à 28 : 20 fois 100 %, divisé par 28 : 71 %.

# Chapitre VII

## 2e exercice : Pratiquer avec une personne

- Ce que j'aime : chanter, marcher, nager, observer les oiseaux, monter à cheval, camper, jardiner, voyager, les enfants, presque tous les genres de musique, les romans policiers, danser, lire, voir des films, faire des courses, le ménage, les serpents, presque tout ce qui est alternatif, la protection de l'environnement et les ressources durables.

- Ce que je n'aime pas : la foule, le bruit, les centres commerciaux, la restauration rapide, le céleri, la morue, les pois, les véhicules qui ne roulent pas sur la route, les gens méchants ou vaniteux, la télévision, faire la cuisine, certaines araignées, tout ce qui est commercialisé, la politique de droite, le golf, le bowling.

## 3e exercice : Pratiquer avec un animal (Bear)

Âgé de 5 ans en 2005.

Personnalité : curieux, heureux, calme, intelligent, facilement distrait. Il apprend vite, est très amical envers tout le monde. Il est un bon chien de garde, très gentil avec les chats, amical avec les chiens, mais il préfère les humains.

- Il aime : la nourriture, les friandises, les gens, les enfants, les autres chiens, faire la course, manger les crottes, se promener, hurler et aboyer, les caresses sur le ventre et les oreilles, faire des bisous, sauter, dormir et monter la garde en étant sur la table, manger la nourriture du chat, fouiller dans les poubelles, rendre les gens heureux, rencontrer des gens, se rouler dans la boue ou des substances malodorantes, courser les chevaux, les vélos et les personnes qui font du jogging (mais je l'en empêche).
- Il n'aime pas : les bruits violents, entendre les gens crier ou se disputer, être attaché, voir des chiens méchants, être attaqué par des chiens, les chats qui l'approchent de trop près, être tiré par son collier, ne pas avoir ses repas à l'heure, manquer de nourriture, prendre un bain, ne pas faire sa promenade quotidienne.

## Chapitre VIII

### 1er exercice : Est-ce que tu aimes… (Marta)

- Sauter en parachute : je trouve que le saut en parachute, c'est très bien pour les autres, mais je n'aurais jamais le courage de le faire. C'est trop effrayant.
- Faire la cuisine : pas vraiment. Je préfère que quelqu'un d'autre fasse la cuisine et moi, je suis d'accord pour faire la vaisselle.
- Participer à des réunions d'anciens élèves : je n'y suis jamais allée. Pourtant, récemment, je me suis dit que cela pourrait être amusant. C'est pour cela que vous avez peut-être obtenu une impression ambiguë.
- Me lever tôt : j'aime cela, d'ailleurs je suis souvent levée avant le soleil.
- Nager dans l'océan : je l'ai fait et ça m'a plu, mais seulement quand l'eau est chaude et pas trop profonde. Je n'aimerais pas nager au milieu des eaux profondes, sombres et froides.
- La réglisse : oui, j'aime ça.

### 2e exercice : Est-ce que tu aimes… (Brydie)

- Aller dans l'eau : Brydie a tendance à courir dans l'eau dès qu'elle le peut. En revanche, elle a peur de nager, même avec moi. Elle peut aller rechercher un bâton dans l'eau, mais elle n'aime pas l'eau profonde. Elle court le long des vagues sur la plage, mais elle n'y plonge pas. Une fois cependant, des amis l'ont emmenée faire du surf avec eux.
- Les enfants : au début, Brydie avait peur des enfants. J'ai dû lui apprendre à leur faire confiance. Elle est intriguée par les bébés et les tout petits, elle aime bien leur odeur et elle les lèche facilement. Quand ils agitent leurs mains ou qu'ils se précipitent

vers elle, cela lui fait un peu peur. Elle s'entend très bien avec les enfants plus grands, qui savent comment se comporter avec les chiens. Elle aime bien jouer avec les petits garçons, mais elle fait davantage confiance aux petites filles. Quand nous nous promenons toutes les deux, si elle a le choix entre courir dans les champs et jouer avec les enfants que nous rencontrons, elle choisit les champs sans hésitation !

- Les carottes en tant que friandises : Brydie ne les apprécie pas tant que cela.
- Être brossée et peignée : Brydie le supporte, mais cela ne lui fait pas réellement plaisir.

## Marche de vision

*L'approche toltèque*

Brandt Morgan

En moins d'une demi-heure de marche,
il est possible de trouver des solutions à tout problème. Le secret?
La Marche de vision, qui « change votre vie », « vous apprend à vous servir de votre intuition intérieure ».
Un outil fantastique à découvrir!

128 pages • 9,50 €/ 17 CHF

## Ainsi parle l'esprit de la plante

*Un psychothérapeute français à l'épreuve des thérapies ancestrales d'Amazonie*

Jean-Marie Delacroix

Ce livre relate l'initiation chamanique de l'auteur qui, sous l'influence d'une liane hallucinogène, redécouvre le sens de son histoire personnelle, celui de l'histoire humaine et universelle…
Récit anthropologique à découvrir!

224 pages • 18,50 € / 32 CHF

Achevé d'imprimer sur rotative
par l'imprimerie Darantiere à Dijon-Quetigny
en octobre 2006

Dépôt légal : septembre 2006
Numéro d'impression : 26-1620

*Imprimé en France*